# प्रेम और पत्थर

[नाट्य संकलन]

# प्रेम और पत्थर

वर्षा दास

राजकमल प्रकाशन

ISBN : 978-81-267-2968-5

**मूल्य** : ₹ 300



**पहला संस्करण** : 2017

**प्रकाशक** : राजकमल प्रकाशन प्रा. लि.
1-बी, नेताजी सुभाष मार्ग, दरियागंज
नई दिल्ली-110 002

**शाखाएँ** : अशोक राजपथ, साइंस कॉलेज के सामने, पटना-800 006
पहली मंजिल, दरबारी बिल्डिंग, महात्मा गांधी मार्ग, इलाहाबाद-211 001
36 ए, शेक्सपियर सरणी, कोलकाता-700 017

वेबसाइट : www.rajkamalprakashan.com
ई-मेल : info@rajkamalprakashan.com

**मुद्रक** : बी.के. ऑफसेट
नवीन शाहदरा, दिल्ली-110 032

PREM AUR PATTHAR
*Play by* Varsha Das

# प्रेम और पत्थर

# अनुक्रम

# प्रेम और पत्थर

[डॉ. लोकनाथ भट्टाचार्य की बांग्ला कहानी
'प्रेम ओ पाथर' पर आधारित नाट्यरूपांतर]

## पात्र

**दीप्लेन्द्र** : 35
**चिन्ता** : 30
**सुरेन** : 35
**अरविन्द** : 50,
**शिव की पाषाण मूर्ति**

*[सुबह के साढ़े सात का समय। पक्षियों की आवाज़। रास्ते पर गाड़ियों का शोर।]*

**दीप्लेन्द्र** : मुझे लगता है चिन्ता, अरविन्द बाबू का मकान इसी ओर होना चाहिए।

**चिन्ता** : दिल्ली में सरकारी मकान ढूँढ़ने में देर नहीं लगती। नम्बर क्रम से ही लगे होते हैं।

**दीप्लेन्द्र** : *(हँसकर)* और जहाँ रहते हैं, वहाँ एच ब्लॉक की बगल में पी और के के साथ वी!

**चिन्ता** : यही है अरविन्द बाबू का मकान। कितना बड़ा है! और बग़ीचा तो देखो!

**दीप्लेन्द्र** : सुरेन ने सुबह साढ़े सात बजे आने के लिए कहा था। ठीक साढ़े सात बजे हैं।

**चिन्ता :** थैंक गॉड! वी आर नॉट लेट।

*[मकान के दरवाज़े तक पहुँचकर घंटी बजाते हैं, इन्तज़ार करते हैं। फिर से घंटी बजाते हैं।]*

**दीप्लेन्द्र :** क्या बात है, कोई दरवाज़ा ही नहीं खोल रहा!

**चिन्ता :** फिर से बजाओ।

*[फिर से घंटी बजाते हैं। दरवाज़ा खुलता है।]*

**सुरेन :** यह क्या दीप्लेन्द्र, इतनी सुबह आ गए! *(हँसकर)* आओ-आओ। नमस्कार चिन्ता। भीतर आ जाओ। बाहर तो कोहरा छाया हुआ है। ऐसे मौसम में इतनी जल्दी कैसे आ पाए?

**दीप्लेन्द्र :** क्यों? तुम्हीं ने तो कहा था कि सुबह साढ़े सात बजे आ जाना।

**सुरेन :** *(हँसकर)* तभी तो, घड़ी में ठीक साढ़े सात बजे और तुम हाज़िर! गोरे साहबों के साथ काम करके तुम भी बिलकुल साहब बन गए हो। कम-से-कम इस मामले में, क्यों?

**दीप्लेन्द्र :** ये बात नहीं है। मुझे डर था कि कहीं हमें देर हो गई तो अरविन्द बाबू बाहर चले जाएँगे। तुमने कहा था न कि...

**सुरेन :** हाँ, कहा तो था लेकिन वे नौ बजे से पहले नहीं जाएँगे। तुम लोग बैठो, मैं ज़रा तैयार होकर आ रहा हूँ। दो कप गरम कॉफ़ी भेज दूँ?

**चिन्ता :** नहीं-नहीं, अब अभी-अभी ब्रेकफ़ास्ट खाकर आ रहे हैं।

**सुरेन :** इतने सवेरे आप लोग ब्रेकफ़ास्ट भी खा लेते हैं?

**दीप्लेन्द्र :** यह क्या सुरेन, तुम चिन्ता को 'आप-आप' क्यों कह रहे हो? अजीब हो!

**सुरेन :** अजीब क्यों? तुम भी तो लक्ष्मी के साथ 'आप' कहकर ही बातें करते हो। जिस दिन से तुम लक्ष्मी को 'तुम'

कहने लगोगे, उसी दिन से मैं भी चिन्ता को 'तुम' कहने लगूँगा। क्यों, ठीक कहा न मैंने ?

*[सब हँसते हैं]*

**दीप्लेन्द्र :** ओके, ओके!

**सुरेन :** अच्छा, तो आप लोग बैठिए। मैं फटाफट तैयार हो जाता हूँ।

**चिन्ता :** सॉरी सुरेन बाबू! हम लोगों ने शायद आपको नींद से उठा दिया।

**दीप्लेन्द्र :** तुम्हें देखकर लगता है, जैसे सीधे बिस्तर से उठकर आ रहे हो!

**सुरेन :** बिलकुल सही। सर्दियों की सुबह है भाई। सुस्ती जाने का नाम नहीं लेती। अच्छा, अभी आ रहा हूँ—हँ? फटाफट। बस, सिर्फ़ दस मिनट लगेंगे।

**चिन्ता :** दस लगे या पन्द्रह, हम यहीं बैठे हैं।

**दीप्लेन्द्र :** आधा घंटा लग जाए तब भी कोई बात नहीं। टेक योर टाइम।

**सुरेन :** तब तक तुम अख़बार पढ़ो। यहाँ बुकशेल्फ़ पर भी काफ़ी कुछ रखा है। मनपसन्द किताब उठा लो। जो मन में आए, करो। यूँ ही समझो कि तुम अपने ही घर में बैठे हो।

*[सुरेन भीतर चला गया। दीप्लेन्द्र और चिन्ता बैठे रहे। उधर से किसी के खाँसने की, गला साफ़ करके थूकने की आवाज़ें।]*

**दीप्लेन्द्र :** लगता है, उस सज्जन की आवाज़ है।

**चिन्ता :** कौन, अरविन्द बाबू ?

**दीप्लेन्द्र :** इतनी जल्दी आकर हमने उनकी नींद तो ख़राब नहीं की ?

**चिन्ता :** इसमें हमारी क्या ग़लती है ? उन्होंने ही सुबह का टाइम दिया था।

**दीप्लेन्द्र :** ख़ैर, नींद ख़राब हुई तो हुई। अब कर भी क्या सकते हैं? अरविन्द बाबू शायद मन–ही–मन हम पर नाराज़ हो रहे होंगे।

**चिन्ता :** इसमें नाराज़ होने की क्या बात है? तुम भी बात का बवंडर बना लेते हो।

**दीप्लेन्द्र :** शायद नाराज़ हुए ही होंगे। और तब तो हमारी सारी उम्मीदों पर पानी फिर गया समझो।

**चिन्ता :** उफ़–ओ! तुम भी अजीब हो, कहाँ से कहाँ पहुँच गए! ऊटपटाँग नतीज़े पर पहुँचने में तुम्हें देर ही नहीं लगती।

**दीप्लेन्द्र :** चलो, छोड़ो। जो होना होगा सो होगा। ज़्यादा से ज़्यादा मुझे नौकरी नहीं देंगे, यही तो? इससे ज्यादा क्या कर लेंगे मेरा?

**चिन्ता :** तुम पहले से ही ऐसा क्यों सोच लेते हो? अच्छा ही हुआ कि मैं तुम्हारे साथ चली आई। नहीं तो तुम्हारा दिमाग़ जिस तरह चल रहा है, तुम अरविन्द बाबू से मिले बिना ही यहाँ से चल देते।

**दीप्लेन्द्र :** सच कहूँ चिन्ता, इस तरह के लोग मुझे ख़ास पसन्द नहीं हैं।

**चिन्ता :** श...आहिस्ता बोलो! सुरेन या अरविन्द बाबू अचानक आ गए तो?

**अरविन्द :** इतनी सुबह कौन आ पहुँचा है सुरेन?

**सुरेन :** मेरा दोस्त दीप्लेन्द्र और उसकी पत्नी चिन्ता। आपको याद है, आप पांडिचेरी में उनके घर पर एक दिन खाना खाने...

**अरविन्द :** ऑफ़कॉर्स, ऑफ़कॉर्स एंड डोंट मार्वेलस शिवा!

**सुरेन :** हाँ, वही। ये लोग आपसे मिलना चाहते हैं।

**अरविन्द :** क्यों? क्या बात है? मेरी सिफ़ारिश की कहीं ज़रूरत पड़ी है क्या?

**सुरेन :** मामला कुछ ऐसा ही है। आप पहले तैयार हो जाइए। फिर वही सब कुछ बताएँगे।

**अरविन्द :** ओके, ओके। लेकिन मुझे आधा घंटा तो लगेगा ही। कैन दे वेट?

**सुरेन :** हाँ-हाँ, अपने काम से आए हैं। वेट क्यों नहीं करेंगे?

*[अरविन्द के खाँसने की और गला साफ़ करने की आवाज़।]*

**दीप्लेन्द्र :** दिल्ली में लोग कहते हैं न कल्चर-वल्चर, यह जनाब भी उसी गोष्ठी के सदस्य हैं।

**चिन्ता :** प्लीज़, दीपू, तुम पहले से ऐसा सब मत सोच लो। तुम्हें उनसे करना भी क्या है? तुम्हें तो चाहिए सिर्फ़ एक नौकरी...

**दीप्लेन्द्र :** नौकरी तो मेरे पास है ही। और फिर इस नौकरी से मुझे जितनी तनख़्वाह मिलती है उतनी मिलेगी किसी भारतीय कम्पनी में? बताओ, कोई हो तो?

**चिन्ता :** *(ग़ुस्से से)* यही बात थी तो यहाँ आने की ज़रूरत ही क्या थी? और साथ में मुझे भी, सुबह के सात बजे इतनी दूर तक घसीट लाए। कभी-कभी तुम ऐसी बात करते हो कि मेरा तो ख़ून खौल उठता है।

*[दीप्लेन्द्र चुप]*

**चिन्ता :** तुम्हें तनख़्वाह कम नहीं मिलती है, मैं मानती हूँ, लेकिन इस नौकरी से तुम्हें सन्तोष है? विदेशी कम्पनी, देश के लिए काम करना है, मनपसन्द काम करना है, ये-वो— ऐसी बातें क्यों करते रहते हो?

**दीप्लेन्द्र :** *(दीर्घ निःश्वास के साथ)* कितने बजे हैं?

**चिन्ता :** प्लीज़, ज़रा शान्त हो जाओ। बिलकुल देर नहीं हुई। और आज तो वैसे भी तुम्हारी छुट्टी है। हमें कोई जल्दी नहीं है।

**दीप्लेन्द्र :** हाँ, वह तो अच्छा ही हुआ। आज उन गोरे साहबों के देश का कोई ख़ास त्योहार है।

**चिन्ता :** देखो तो, कितनी अच्छी बात है! मैं तो कहूँगी, यह एक अच्छा संयोग है। मुझे इसमें शुभ चिह्न दिखाई देते हैं। कल अचानक सुरेन के साथ कनॉट प्लेस में तुम्हारी मुलाक़ात, सुरेन का ही इस बात को छेड़ना और तुम्हें घर पर बुलाना—मुझे तो इन सबके पीछे कोई अच्छी ख़बर छिपी दिखती है। क्या तुम्हें भी ऐसा नहीं लगता?

**दीप्लेन्द्र :** हाँ, एक तरह से तुम ऐसा कह सकती हो। लेकिन पहले से ही इतना सब सोच लेना ठीक नहीं है। बात न जाने कैसे चलेगी और कहाँ जाकर ख़त्म होगी।

**चिन्ता :** इस वक़्त वो सब सोचने की ज़रूरत नहीं है। सुरेन के बहनोई अब नीचे आते ही होंगे। तुम सतर्क हो जाओ। जो सवाल पूछें, उसके फटाफट जवाब दे देना। तुम आकाश में उड़ते रहोगे तो बात नहीं बनेगी।

**दीप्लेन्द्र :** अरे चिन्ता, उनको आने तो दो। फिर देखा जाएगा।

**चिन्ता :** तुम अपनी एकाग्रता दिखाओगे। आग्रह दिखाओगे। अपने ज्ञान और क्षमता का भी थोड़ा परिचय देना होगा।

**दीप्लेन्द्र :** तुम मुझे बहुत डरा देती हो। हमेशा पीछे लगी रहती हो।

**चिन्ता :** *(हँसकर, स्नेह से)* मेरे अच्छे दीपू, अच्छा ही है कि तुम्हारे पीछे लगी रहती हूँ। नहीं तो तुम्हारा क्या होता? देखो दीपू, तुम्हारे लिए यह एक सुनहरा मौक़ा है। इसमें असफल नहीं होना है।

**दीप्लेन्द्र :** तुम फिर मुझे डरा रही हो।

**चिन्ता :** देखो दीपू, इस मुलाक़ात में अगर तुमने कोई ग़लती की, तुम उस सज्जन को अगर ठीक ढंग से प्रभावित नहीं कर पाए तो बस! खेल ख़तम।

**दीप्लेन्द्र :** मुझसे जो हो सकेगा, करूँगा। मुझे तो लगता है, सुरेन ने मेरे बारे में उनको सब बता ही दिया होगा।

**चिन्ता :** हाँ, शायद बताया हो। मैं तो यही उम्मीद करती हूँ कि सुरेन ने तुम्हारे प्रति आकृष्ट कर लिया हो। लेकिन उतना

काफ़ी नहीं। हमारी मुलाक़ात में जो कुछ होगा, उसी पर अन्तिम निर्णय का आधार है। सब कुछ उसी पर निर्भर करता है।

**दीप्लेन्द्र :** क्या मुसीबत है! अब न जाने कब तक हम यहाँ बैठे रहेंगे?

**चिन्ता :** तुम फिर बेचैन हो रहे हो। अच्छा, दीपू, यह तो बताओ, सुरेन पांडिचेरी से आया कब?

**दीप्लेन्द्र :** सिर्फ़ दो दिन पहले। तुम भूल गईं क्या? मैं सुबह ऑफ़िस के लिए रवाना हो ही रहा था कि टेलीफ़ोन की घंटी बजी।

**फ़्लैशबैक**

*[टेलीफ़ोन की घंटी बजती है। दीप्लेन्द्र रिसीवर उठाता है।]*

**दीप्लेन्द्र :** हेलो—658471...

**सुरेन :** *(टेलीफ़ोन से आवाज़ आती है)* यस सर, 658471। क्या बात है? एक ही बार डायल किया कि फ़ौरन नम्बर मिल गया। दिल्ली के टेलीफ़ोन ने काफ़ी उन्नति कर ली है।

**दीप्लेन्द्र :** अरे, सुरेन? कहाँ से फ़ोन कर रहे हो? पांडिचेरी से?

**सुरेन :** दिल्ली से सर, दिल्ली से।

**दीप्लेन्द्र :** कब आए?

**सुरेन :** बस, कल ही पहुँचा हूँ। आज सुबह ही गाड़ी से आया।

**दीप्लेन्द्र :** और क्या ख़बर है?

**सुरेन :** ख़बर और क्या? बस, खा-पीकर जी रहा हूँ। मैं कहाँ आगे-पीछे की इतनी सोचता हूँ? आते ही मैंने सोचा, पहले तुम्हारा हाल पूछूँ। कैसे हो तुम लोग?

**दीप्लेन्द्र :** आपकी दया है। *(हँसता है)* सुनो, कितने दिन हो दिल्ली में?

**सुरेन :** हूँ दस-बारह दिन। ज़रूरत पड़ी तो और तीन-चार दिन रुक जाऊँगा।

**दीप्लेन्द्र :** लक्ष्मी भी आई है?

**सुरेन :** नो सर। वो तक़दीर कहाँ! इस बार तो अकेले ही चल पड़े हैं हम।

**दीप्लेन्द्र :** घर पर सब ठीक है?

**सुरेन :** सब फ़र्स्ट क्लास। और तुम लोग?

**दीप्लेन्द्र :** बस, चल रहा है। जैसे-जैसे दिन कटते हैं, वैसे-वैसे पाप छँटते हैं। ऑफ़िस के लिए रवाना हो ही रहा था कि...

**सुरेन :** ओह, सो सॉरी। तुम्हें देर करा दी। फिर तुम्हारा तो साहब लोगों का ऑफ़िस है।

**दीप्लेन्द्र :** साहब सिर्फ़ नाम के। काम तो सारा हम ही लोग करते हैं।

**सुरेन :** फिर भी, सिर के ऊपर तो साहब ही है न?

**दीप्लेन्द्र :** *(दीर्घ निःश्वास)* हाँ, भाई, सिर के ऊपर तो है ही। *(स्वर बदलकर)* सुनो सुरेन, तुम काम से आए हो या छुट्टी लेकर?

**सुरेन :** काम कर-करके तो बाल पक गए।

**दीप्लेन्द्र :** यानी छुट्टी लेकर आए हो?

**सुरेन :** बिलकुल। इस बार इधर की खोज लेने आया हूँ। दिल्ली आ जाना चाहता हूँ। पाँच साल से पांडिचेरी में हूँ। बहुत हो गया।

**दीप्लेन्द्र :** तब तो हमें मिलना चाहिए। इस विषय में बातचीत करनी चाहिए। मिलोगे?

**सुरेन :** तुम बताओ। बिज़ी तो तुम ही रहते हो। मुझे तो यहाँ वैसा कोई काम नहीं है।

**दीप्लेन्द्र :** आज शाम को क्या कर रहे हो?

**सुरेन :** कुछ भी तो नहीं।

**दीप्लेन्द्र :** तो आओ न यहाँ, साथ खाना खाएँगे!

**सुरेन :** ओके, लेकिन थोड़ी-सी प्रॉब्लम है?

**दीप्लेन्द्र :** क्या प्रॉब्लम है?

**सुरेन :** मैं अपने बहनोई के घर रह रहा हूँ।

**दीप्लेन्द्र :** तुम तो हमेशा वहीं रहते हो।

**सुरेन :** आज शाम को जब तुम्हारे घर आऊँगा तब उनको भी साथ लाना पड़ेगा।

**दीप्लेन्द्र :** लो, इसमें क्या प्रॉब्लम है? उन्हें भी ले आना। तुम कहो तो मैं उन्हें फ़ोन करके निमंत्रण दे दूँ?

**सुरेन :** नहीं, नहीं, इसकी ज़रूरत नहीं है। तुमने मुझसे कह दिया, वही काफ़ी है। मैं उन्हें बता दूँगा। वे बड़ी ख़ुशी से आ जाएँगे। वैसे भी वे बड़े इन्फ़ार्मल हैं। बात क्या है, जानते हो? आजकल वे बिलकुल अकेले हैं। दीदी बच्चों को लेकर कलकत्ता गई हैं।

**दीप्लेन्द्र :** तुम उनको ज़रूर साथ ले आना सुरेन। हमें बहुत अच्छा लगेगा। आज तक उनके बारे में सिर्फ़ सुना ही है। अब मुलाक़ात भी हो जाएगी। उनसे परिचय भी हो जाएगा।

**सुरेन :** बहुत बढ़िया। तुम्हारे घर पहुँचते आठ-साढ़े आठ बज जाएँगे क्योंकि उनको ऑफ़िस से लौटने में देर हो जाती है।

**दीप्लेन्द्र :** ओके देन। सी यू।

**फ़्लैशबैक समाप्त**

**शिवमूर्ति :** तो आख़िर आ ही गए तुम?

**दीप्लेन्द्र :** अरे, ये कौन बोल रहा है?

**चिन्ता :** कोई भी तो नहीं बोला।

*[शिवमूर्ति हँसता है]*

**दीप्लेन्द्र :** कोई हँस रहा है। ऐसी हँसी, मानो मेरा मज़ाक़ उड़ा रहा हो!

**चिन्ता :** डोंट बी सिली! मुझे लगता है, तुम यहाँ बैठे-बैठे बोर हो रहे हो।

**दीप्लेन्द्र :** तुम भी।

**चिन्ता :** हाँ, दीपू, उस दिन वे लोग काफ़ी देर तक बैठे थे। रात के ग्यारह बज गए थे। शायद उससे भी ज़्यादा। बहुत बड़े आदमी हैं न?

**दीप्लेन्द्र :** कौन, अरविन्द बाबू?

**चिन्ता :** हाँ।

**दीप्लेन्द्र :** सो तो है ही। बहुत बड़ी पोस्ट पर हैं। उनके पैर जिस धरती पर पड़ते हैं, वह धरती धन्य हो जाती है।

**चिन्ता :** जाने से पहले उन्होंने हमें निमंत्रण भी दिया था, याद है?

**दीप्लेन्द्र :** हाँ, उनकी गम्भीर आवाज़ अब भी मेरे कानों में गूँज रही है।

**फ़्लैशबैक**

**अरविन्द :** आप लोग कभी हमारे घर भी आइए।

**दीप्लेन्द्र :** जी हाँ, ज़रूर आएँगे।

**अरविन्द :** मैं तो सुरेन के यहाँ रहते ही आपको आने के लिए कहता लेकिन मेरी पत्नी यहाँ है नहीं। आपका आतिथ्य कौन करेगा?

**चिन्ता :** उनको लौट आने दीजिए, फिर आएँगे। समय कहाँ भाग रहा है, और हम भी तो यहीं हैं।

**सुरेन :** हाँ, मेरी दीदी से भी परिचय हो जाएगा। बहुत बढ़िया रहेगा।

**फ़्लैशबैक समाप्त**

**दीप्लेन्द्र :** लेकिन तक़दीर का खेल तो देखो चिन्ता, हम इतनी जल्दी उनके घर आ जाएँगे, ऐसा किसी ने सोचा था?

**चिन्ता :** हर बात क्या पहले से सोची जाती है? अख़बार में हर रोज़ नित–नवीन ख़बरें आती हैं। उनके बारे में क्या किसी ने पहले से सोचा था?

**दीप्लेन्द्र :** चिन्ता, मुझे तो लगता है, यह महाशय कहीं ऐसा सोच न बैठें कि इन लोगों ने एक शाम को खाना क्या खिलाया कि यहाँ तक आ पहुँचे!

**चिन्ता :** और देखो, तुम फिर शुरू हो गए!

**दीप्लेन्द्र :** कुछ कह नहीं सकते चिन्ता। उनके दिमाग़ में शायद ऐसा भी बस गया हो कि इस नौकरी की बात करने के लिए ही हमने उनको अपने यहाँ खाने पर बुलाया था।

**चिन्ता :** ओह, दीपू, तुम्हारे मन में ऐसी कोई बात थी ही नहीं तो वे कहाँ से ऐसा सोचने लगेंगे? सुरेन ने ही तुमसे कहा कि उनको घर पर मिल लो तो अच्छा। हमने तो यह बात ही नहीं छेड़ी थी।

**दीप्लेन्द्र :** अब किसके मन में क्या है, यह भला हम कैसे बता सकते हैं?

**चिन्ता :** वो तो ठीक है, दीपू, लेकिन अरविन्द बाबू के नाराज़ होने का तो सवाल ही नहीं है। उन्हीं को तो अपने ऑफ़िस के लिए एक अच्छा अधिकारी चाहिए। है न? अब उस पद के लिए वे तुम्हारे बारे में सोचें, तुमसे बातचीत करना चाहें, तो यह स्वाभाविक है। तुमसे मिलने में उनको आपत्ति भला क्यों हो सकती है?

**दीप्लेन्द्र :** नहीं, नहीं, इसमें आपत्ति की कोई बात नहीं लेकिन...

**चिन्ता :** मैं तो कहूँगी कि उनके लिए एक तरह से यह ख़ुशी का मौक़ा है। एक अच्छा अधिकारी पाने की सम्भावना को तुम उनके सामने साकार कर रहे हो। अब अच्छा अधिकारी

ढूँढ़ने के लिए उनको चारों ओर घूमकर अपना समय बर्बाद करना नहीं पड़ेगा। तुमने उनको अख़बार में विज्ञापन देने और बेकार के सैकड़ों आवेदन-पत्रों को पढ़ने की मुसीबत से बचा लिया है।

**दीप्लेन्द्र :** चिन्ता, तुम ज़रा ज़मीन पर पैर रखकर बात करो। गुड़ की डली पर क्या चींटियों का अभाव होगा? फिर इस देश में अच्छे आदमी की खोज भला कितने लोग करते हैं? फ़र्ज़ करो कि मेरे दफ़्तर में एक जगह ख़ाली है। नौकरी दिलवाना मेरे हाथ में है। मुझे एक आदमी की ज़रूरत है। तुम क्या सोचती हो, अब हाथ में दीया लेकर आदमी ढूँढ़ने निकलना पड़ेगा? अरे, मेरी ही जान-पहचान के कई लोग हैं। मेरे अपने कई रिश्तेदार हैं जो बेरोज़गार हैं—मेरा भाई, भतीजा, भांजा, साला... इत्यादि। इन सबको छोड़कर क्या मैं किसी अपरिचित को नौकरी दिला दूँ? मेरा दिमाग़ ख़राब है क्या? ऐसी बात तुमने इस अध्यात्मप्रधान सत्यवादी देश में कभी सुनी है?

**चिन्ता :** अगर यही बात होती तो सुरेन तुमसे कहता ही क्यों कि उसके बहनोई किसी अच्छे आदमी की तलाश में हैं? और देखो दीपू, यह तलाश अभी एक-दो दिन से शुरू नहीं हुई है, कुछ महीनों से चल रही है।

**दीप्लेन्द्र :** हाँ, चिन्ता, सुरेन ऐसा ही कुछ कह रहा था। जिस दिन से उसके बहनोई इस पद पर नियुक्त हुए हैं, उसी दिन से खोज जारी है। और पोस्ट अब भी ख़ाली है।

**चिन्ता :** मुझे लगता है, अरविन्द बाबू वाकई किसी अच्छे आदमी को रखना चाहते हैं। नहीं तो इतने दिनों में उनको कोई मिल न जाता? दिल्ली में लोगों की कमी है क्या?

**दीप्लेन्द्र :** सिर्फ़ दिल्ली में ही क्यों? उनको ज़रूरत हो तो वे दिल्ली के बाहर के किसी आदमी को भी ला सकते हैं।

**चिन्ता :** दिल्ली के बाहर भी उन्होंने कोशिश तो ज़रूर की होगी, लेकिन जैसा योग्य व्यक्ति उनको चाहिए, वैसा आज तक मिला ही नहीं होगा।

**दीप्लेन्द्र :** हमें क्या मालूम!

**चिन्ता :** एक बात मुझे कुछ विचित्र लग रही है। उस दिन वे लोग हमारे घर इतनी देर तक बैठे रहे थे, लेकिन इस नौकरी की बात का इशारा तक नहीं किया।

**दीप्लेन्द्र :** उस दिन सुरेन को इसके बारे में पूरी जानकारी नहीं थी। पता चलते ही उसने मुझे बताया।

**चिन्ता :** कहाँ, कल कनॉट प्लेस में ही तो?

**दीप्लेन्द्र :** हाँ। अचानक मेरा नाम लेकर उसने मुझे पीछे से आवाज़ दी।

**फ़्लैशबैक**

*[कनॉट प्लेस की भीड़ की आवाज़ें।]*

**सुरेन :** एइ दीप्लेन्द्र!

**दीप्लेन्द्र :** अरे, यह क्या? आज फिर तुम्हारे साथ मुलाक़ात हो गई?

**सुरेन :** चल, कहीं बैठकर कॉफ़ी पीते हैं। तुमसे कुछ बातें भी करनी हैं।

*[दोनों एक रेस्तराँ में जाते हैं। वहाँ शीशे के बर्तनों और वेटर को ऑर्डर देने की आवाज़ें।]*

**सुरेन :** *(वेटर को आवाज़ देता है)* बैरा! दो कॉफ़ी फटाफट। *(फिर दीप्लेन्द्र की ओर उन्मुख होते हुए)* अरे हाँ, दीप्लेन्द्र, कल तुम्हारे घर इतनी देर तक बैठे रहे लेकिन तुमसे एक ख़ास बात तो हो ही नहीं पाई। वैसे पूरी जानकारी तो मुझे भी आज सुबह ही मिली है।

**दीप्लेन्द्र :** कैसी जानकारी?

**सुरेन :** यही कि तुम इस समय जहाँ काम कर रहे हो, वहाँ तुम्हें अच्छा नहीं लग रहा है। ठीक है न?

**दीप्लेन्द्र :** वह विदेशी कम्पनी है। हर समय उन साहबों का हुकुम सिर आँखों पर। वह कहे, उठो तो उठना और कहे, बैठो, तो बैठना। वह सब मुझसे नहीं होता।

**सुरेन :** तुम तो पेरिस से फ्रेंच के पंडित बनकर आए। बंगला के तो कवि और लेखक हो ही। उसके बाद तुम ऐसी नौकरी में कैसे फँस गए? मुश्किल तो लग ही रहा होगा।

**दीप्लेन्द्र :** क्या बताऊँ सुरेन! बहुत मुश्किल है। फ्रेंच सीखने से फ़ायदा तो यह हुआ—कि पेरिस से लौटते ही फ़ौरन पांडिचेरी में इन्फ़ार्मेशन ऑफ़िस की नौकरी मिल गई। लेकिन वो भी क्या जगह है—चूहे के बिल जैसी छोटी। वहाँ न कोई समाज, नहीं ऐसा काम। और फिर सारी दुनिया से इतनी दूर कि दो हाथ की दूरी पर स्थित मद्रास से लौटना हो तो सारी रात ट्रेन में बैठे रहो, तब जाकर यहाँ पहुँचो। और मैं तो एक बार वहाँ पहुँच गया, फिर चार साल तक उस चूहे के बिल से बाहर निकलने का कोई रास्ता ही नहीं। सब दरवाज़े बन्द।

**सुरेन :** ना बाबा, मेरे साथ ऐसा कुछ भी नहीं हुआ। न तो मैं कवि हूँ, न भावकु। फ्रेंच भी नहीं जानता हूँ। बिलकुल ठोस इनसान हूँ। डॉक्टरी पढ़ाता हूँ। अब भी पांडिचेरी में ही हूँ। पहले रीडर की पोस्ट मिली थी। अब प्रोफ़ेसर बन गया हूँ।

**दीप्लेन्द्र :** अच्छा? प्रोफ़ेसर बन गए? कांग्रेच्युलेशंस।

**सुरेन :** तभी तो यहाँ आया हूँ। थोड़ा-सा अता-पता लगाने। दिल्ली में होता तो प्रोफ़ेसर की पोस्ट की प्रतीक्षा में आधी उम्र बीत जाती। मैंने पांडिचेरी ज़ाना इसीलिए पसन्द किया था। *(हँसता है)* मैं जानता था, पांडिचेरी

में प्रोफ़ेसर बनने में देर नहीं लगेगी। मौज से जीना हो तो भविष्य को सामने रखकर ही वर्तमान में क़दम उठाना चाहिए।

**दीप्लेन्द्र :** तो अब तुम दिल्ली के किसी मेडिकल कॉलेज में प्रोफ़ेसर की पोस्ट पर आना चाहते हो? यही प्लान है न?

**सुरेन :** एक्जेक्टली! यह बात पहले नहीं हो सकती थी लेकिन अब शायद हो जाएगी।

**दीप्लेन्द्र :** ज़रूर हो जाएगी। दिल्ली में तुम्हारी जान-पहचान के लोग भी बहुत हैं। तुम्हारे अपने रिश्तेदार बड़ी-बड़ी पोस्ट पर बैठे हैं।

**सुरेन :** छोड़ो उस बात को। तुम्हारी नौकरी की बात करते हैं। हाँ, तो तुम कह रहे थे कि यह काम तुम्हें ख़ास पसन्द नहीं है।

**दीप्लेन्द्र :** बिलकुल पसन्द नहीं है। सिर्फ़ एक बात है कि तनख़्वाह बहुत अच्छी मिलती है। बाक़ी न तो हमें कोई दायित्व दिया जाता है, न सम्मान।

**सुरेन :** तो ऐसी नौकरी करते क्यों हो? छोड़ दो। और कुछ करो।

**दीप्लेन्द्र :** और कुछ मिले तब न? मिलता तो क्या यहीं पड़ा रहता? मुझे ऐसी जगह जाना है जहाँ लगे कि कुछ कर रहा हूँ। यहाँ तो मेरा अस्तित्व ही नहीं है। मेरा ही क्या, किसी भी भारतीय का इस माहौल में अपना अस्तित्व बचाए रखना सम्भव ही नहीं है।

**सुरेन :** हँ, दीप्लेन्द्र, मेरे पास एक आइडिया है। तुम्हारे इस अस्तित्व के बारे में ही, सुनोगे?

**दीप्लेन्द्र :** बताओ।

**सुरेन :** तुमने शायद सुना होगा कि मेरे बहनोई अरविन्द बाबू कुछ महीनों पहले एक राष्ट्रीय स्तर की सांस्कृतिक संस्था में अध्यक्ष के रूप में नियुक्त हुए हैं।

**दीप्लेन्द्र :** हाँ, सुरेन, तुम्हीं ने तो बताया था।

**सुरेन :** इस क्षेत्र में उनका जितना नाम है, उतना ज्ञान भी है। इसी संस्था के एक बड़े पद के लिए वे काफ़ी दिनों से एक योग्य व्यक्ति की तलाश में हैं। उस पद के लिए तुम बिलकुल आइडियल हो।

**दीप्लेन्द्र :** क्या बात कर रहे हो सुरेन? वह पद मिल जाए तब तो समझो, चाँद आ गया मेरे हाथ में। लेकिन यह तो बताओ, काम क्या होगा?

**सुरेन :** बताता हूँ, सब बताता हूँ, ज़रा धीरज धरो। इस पद के लिए शिक्षा-दीक्षा-ज्ञान आदि जो गुण चाहिए, वे सारे तुम्हारे में हैं। अरविन्द बाबू के साथ तुम्हारा परिचय तो हो ही गया है। एक बार उनसे बात भी कर लो न?

**दीप्लेन्द्र :** ठीक है। बताओ, कब जाऊँ उनके पास?

**सुरेन :** किसी भी दिन आ जाओ। सुबह साढ़े सात बजे के आसपास ठीक रहेगा। उस समय वे घर पर ही होते हैं।

**दीप्लेन्द्र :** कल ही आ जाऊँ?

**सुरेन :** आइडियल। सुभस्य शीघ्रम्। मैं पता बता देता हूँ। हो सके तो चिन्ता को भी साथ ले आना। कल चिन्ता का आतिथ्य देखकर अरविन्द्र बाबू मुग्ध हो गए थे।

**फ़्लैशबैक समाप्त**

**चिन्ता :** तुम जो भी कहो, सुरेन ने दोस्ती ख़ूब निभाई है।

**दीप्लेन्द्र :** हाँ, दोस्त तो है ही लेकिन यह दोस्ती कुछ अजीब-सी है। हम दोनों का स्वभाव एक-दूसरे से बिलकुल अलग है। कलकत्ता या दिल्ली में होते तो शायद परिचय भी न होता। दोस्ती तो दूर की बात है।

**चिन्ता :** यही तो पांडिचेरी का गुण है।

**दीप्लेन्द्र :** बिलकुल। पांडिचेरी में सुरेन मिल गया तो लगा, बात करने के लिए एक इनसान तो मिल गया।

**चिन्ता :** और फिर यहाँ एक विदेशी कम्पनी में नौकरी के लिए तुम्हारा दिल्ली आना, उसके पीछे भी तो सुरेन का ही हाथ है। मुझे स्पष्ट रूप से याद है, उस दिन रविवार की सुबह को सुरेन और लक्ष्मी हमारे पांडिचेरी के घर में आए थे।

**दीप्लेन्द्र :** मैं तब तक पांडिचेरी की उस कैद से काफ़ी ऊब चुका था। न जाने मैंने कितने विज्ञापन देखे थे और कितनी अर्जियाँ भेजी थीं, लेकिन एक भी जगह से जवाब नहीं आया था।

**चिन्ता :** हाँ, मुझे याद है दीपू, तुम बहुत निराश हो गए थे। तब सुरेन ने आकर तुमसे कहा था कि तुम्हारे पास इतनी छुट्टियाँ जमा हो गई हैं, कहीं सैर क्यों नहीं कर आते?

**दीप्लेन्द्र :** सैर करने के लिए जाता भी कहाँ?

**चिन्ता :** वैसे सैर से उसका मतलब कुछ और था। वह कहना चाहता था कि जहाँ अर्जियाँ भेजी हैं, वहाँ ख़ुद जाकर मिल आओ। पांडिचेरी में बैठे-बैठे दूसरों की चिट्ठियों का इन्तज़ार करने से काम नहीं चलेगा।

**दीप्लेन्द्र :** सुरेन ने ठीक ही कहा था। एक बात मुझे माननी चाहिए चिन्ता, सुरेन ने हमेशा सही मशविरा दिया है।

**चिन्ता :** तभी तो तुम ढाई महीने की छुट्टी लेकर दिल्ली आए, चाचा के घर ठहरे और कितने परिश्रम के बाद तुम्हें इस विदेशी कम्पनी में नौकरी मिली।

**दीप्लेन्द्र :** हाँ, फिर मैं पांडिचेरी गया और हमने सामान समेटना शुरू किया, और दिल्ली चले आए। *(घड़ी देखकर)* देखो तो, आधा घंटा हो गया, इन लोगों का तो पता ही नहीं है! ऐसे भी क्या तैयार हो रहे हैं!

**चिन्ता :** हमारे आने के बाद ही तो वे नींद से उठे हैं। अब आते ही होंगे।

**दीप्लेन्द्र :** *(चारों ओर देखकर)* हँ...बुकशेल्फ़ पर किताबें देख रही हो चिन्ता—पिकासो, रेम्ब्रान्ट, जामिनी राय की?

**चिन्ता** : लेकिन उनके पास ये पेपरबैक्स क्या हैं? ज़रूर कोई सस्ते उपन्यास होंगे—रहस्य कथा, थ्रिलर या ऐसा ही कुछ।

**दीप्लेन्द्र** : *(हँसता हुआ)* इतनी देर के बाद तुमने पहली बार ठोस बात कही चिन्ता। रेम्ब्रान्ट, पिकासो, जामिनी राय—वो सब सजाकर रखना लोगों को दिखाने के लिए।

**चिन्ता** : क्या पता! शायद ऐसा न भी हो!

**दीप्लेन्द्र** : अरे, ऐसे लोगों की तो मुझे पहली मुलाक़ात में ही पहचान हो जाती है। कल्चर-वल्चर की बातों से वे ख़ूब नाम कमा लेते हैं, लेकिन ज़रा उनके भीतर झाँककर देखो तो कल्चर कहीं नहीं दिखेगा।

**चिन्ता** : ऐसा तो सब जगह होता है। लेकिन हमें भी तो इन्हीं लोगों के बीच रहना है। उन्हें जो करना है, सो करें, उससे हमें क्या? सुरेन के प्रयास से तुम्हें नौकरी मिल जाए, बस। हमें और कुछ नहीं चाहिए।

**दीप्लेन्द्र** : *(चौंककर, ज़ोर से)* अरे, ये क्या?

**चिन्ता** : क्या कहा?

**दीप्लेन्द्र** : ये देखो, चिन्ता, इधर। इधर देखो। यह तो वही है। हमारे यहाँ जो शिव की मूर्ति थी, वैसी ही है न?

**चिन्ता** : अरे, यह तो वही है!

**दीप्लेन्द्र** : इतनी समानता कैसे? बड़ी अजीब बात है।

**चिन्ता** : समानता क्या? अरे, ये तो वही शिव है। बिलकुल वही। सौ फ़ीसदी वही।

**दीप्लेन्द्र** : ये लकड़ी देखो। देख रही हो?

**चिन्ता** : हाँ, हाँ, यह वही लकड़ी है।

**दीप्लेन्द्र** : ठीक इसी हाथ के नीचे।

**चिन्ता** : हाँ, वो टूटे हुए दाएँ हाथ के नीचे।

**दीप्लेन्द्र** : पांडिचेरी में हमारे शिव की टूटी हुई मूर्ति को सीधी खड़ी रखने के लिए ऐसी ही लकड़ी का सहारा दिया गया था।

**चिन्ता :** बाप रे बाप, सब कुछ यहाँ आ पहुँचा है—लकड़ी समेत!

**दीप्लेन्द्र :** चिन्ता, मैं यह क्या देख रहा हूँ? मेरे शरीर में कुछ अजीब-सी सिहरन होने लगी है।

*[तभी जैसे पर्दा चीरकर, शिव की गम्भीर आवाज़ दूर से चली आती सुनाई देती है!]*

**आवाज़ :** इतनी देर बाद देखा तुमने भाई? याद आ रहा है तुम्हें? कुछ याद आ रहा है?

**दीप्लेन्द्र :** *(रुँधी हुई आवाज़ में)* चिन्ता...चिन्ता, तुम सुन रही हो?

**चिन्ता :** *(घबराकर)* तुम्हें क्या हो रहा है दीपू? तुम ये क्या कह रहे हो? क्या तुम्हें कुछ सुनाई दे रहा है? मुझे तो कुछ भी सुनाई नहीं देता!

**आवाज़ :** याद आ रहा है पांडिचेरी के वे दिन, जब तुम कितने प्यार से मेरी देह को स्पर्श करते थे? कितनी प्रेमभरी बातें मुझे सुनाते थे? हम दोनों वह मधुर संवाद...

**दीप्लेन्द्र :** *(दबे हुए चीत्कार के साथ)* हाँ, याद है। मुझे सब याद है।

**चिन्ता :** दीपू, मेरे दीपू! तुम्हें क्या हो रहा है? तुम ये सब क्या बोल रहे हो?

**आवाज़ :** फिर एक दिन कुछ बताए बिना ही तुम न जाने कहाँ चले गए! तुम कहाँ चले गए थे भाई?

**दीप्लेन्द्र :** मैं कहीं नहीं गया था। कहीं नहीं गया था। तुम्हारे पास ही हूँ, बिलकुल पास। तुम्हें छोड़कर कहाँ जाऊँ?

**शिवमूर्ति :** लेकिन तुम चले ही गए। लौटकर एक बार भी नहीं आए।

**दीप्लेन्द्र :** ऐसा मत कहो। मेरा कलेजा फट रहा है।

**चिन्ता :** *(घबराकर)* दीपू! दीपू! तुम ये सब क्या बोल रहे हो? तुम्हें हुआ क्या है? चलो, हम यहाँ से चले जाते हैं।

**आवाज़ :** देखो मेरे भाई, तुम्हें ढूँढ़ता हुआ मैं यहाँ तक आ पहुँचा हूँ। आख़िर आज हमारा मिलन हो ही गया।

**दीप्लेन्द्र :** सच, कितना अद्भुत मिलन!

**चिन्ता :** *(दीप्लेन्द्र को झकझोरती हुई)* दीपू, यहाँ से चलो अब! अब हमें यहाँ एक पल भी नहीं बैठना है!

**आवाज़ :** तो अब हमारी वह पुरानी कहानी हम फिर से शुरू करें? तुम्हारा क्या ख़याल है?

**दीप्लेन्द्र :** *(दोनों हाथों से चेहरा पकड़कर)* हे देवता! हे असीम प्राण! हे ईश्वर, मेरी रक्षा करो! मेरी रक्षा करो!

**चिन्ता :** दीपू, मेरे अच्छे दीपू, प्लीज़, चलो! अब यहाँ से बाहर चलो!

**दीप्लेन्द्र :** ठहरो चिन्ता, मुझे ज़रा स्वस्थ हो जाने दो। इस स्थिति में तो मैं हिल भी नहीं पाऊँगा। देखो तो, मेरे पैर कैसे थर-थर काँप रहे हैं! मेरे सारे शरीर में जैसे बिजली दौड़ गई है। या फिर बिच्छू काट रहे हैं। और ये क्या हो गया?

**चिन्ता :** अरे, ऐसी सर्दी में तुम्हारे माथे पर पसीना? दोनों कान भी लाल हो गए हैं। क्या हो गया है तुम्हें?

**दीप्लेन्द्र :** चिन्ता, तुम ज़रा यह सोचो, शिव की यह मूर्ति जो हमारे पांडिचेरी के घर में थी, वो यहाँ कैसे आ गई?

**चिन्ता :** यह कोई साधारण मूर्ति नहीं है। इसका वज़न कम-से-कम बीस किलो होगा। पांडिचेरी के उस घर से एक हज़ार से भी अधिक किलोमीटर की दूरी इस मूर्ति ने कैसे पार की होगी? क्या इसे पर निकल आए जो वो उड़ती-उड़ती यहाँ तक चली आई?

**दीप्लेन्द्र :** उस दिन की बात याद है, चिन्ता? परसों ही तो ये लोग मिले थे। परसों ही आए थे न?

**चिन्ता :** कहाँ, हमारे घर?

**दीप्लेन्द्र :** दिन—समय—मेरा तो दिमाग़ ही गड़बड़ा गया है चिन्ता। हाँ-हाँ, हमारे घर पर ही। तब पता है, सुरेन ने इस मूर्ति के बारे में क्या कहा था?

**चिन्ता :** सुरेन ने कुछ कहा था क्या?

**दीप्लेन्द्र :** हाँ, उस समय तुम शायद रसोई में चली गई थीं।

**चिन्ता :** क्या कहा था उसने?

**दीप्लेन्द्र :** वह कह रहा था कि आजकल तुम्हारे शिव जी ख़ूब आराम फ़रमा रहे हैं।

**चिन्ता :** क्या मतलब?

**दीप्लेन्द्र :** मैं भी उसकी बातों में उलझ गया था। तब सुरेन ने अपने बहनोई से पूछा कि रहस्य का पर्दा हटा दिया गया या नहीं?

**चिन्ता :** सुरेन के बहनोई तो कई घाट का पानी पी चुके हैं। वह क्या यूँ ही पर्दा हटाने देते?

**दीप्लेन्द्र :** लेकिन वह इतना ज़रूर बोल गए कि कितना बढ़िया प्लान बनाया था हमने! हमें तो कोई प्रॉब्लम ही नहीं हुई।

**चिन्ता :** अच्छा? उन लोगों ने तुम्हें इतना सारा बता दिया था?

**दीप्लेन्द्र :** हाँ। पर फिर उसके आगे कोई बात नहीं हुई।

**चिन्ता :** तुमने यह सुनकर कुछ कहा नहीं?

**दीप्लेन्द्र :** मैं क्या बोलता? उन्होंने जो कहा, मैंने चुपचाप सुन लिया। वास्तव में उनकी बातों से मैं ख़ास कुछ समझ नहीं पाया था। इसलिए इतनी दूर की सोचने का तो सवाल ही नहीं था। हाँ, एक बार मेरे मन में विचार ज़रूर आया था कि उनसे पूछूँ कि कौन-सा प्लान? किस चीज़ की प्रॉब्लम? लेकिन ये सवाल मेरी ज़बान पर ही रह गए। बाहर निकल नहीं पाए। फिर तो वे लोग चले गए और मैं भी सारी बात भूल गया।

**चिन्ता :** दीपू, मुझे एक दिन की घटना याद आ रही है। हमारे पांडिचेरी के घर में यह बात हुई थी। उस दिन सुरेन अकेला आया था। लक्ष्मी उसके साथ नहीं थी। तुम्हें याद है वो दिन?

**दीप्लेन्द्र :** किस दिन की बात है यह?

**चिन्ता :** जब तुम दिल्ली से लौट आए थे, उसी दिन की बात है। तुम्हें तब विदेशी कम्पनी की यह नौकरी मिल गई थी। हम पांडिचेरी छोड़ रहे थे।

**दीप्लेन्द्र :** हाँ। कुछ-कुछ याद आ रहा है। शायद वह भूल भी गया हूँ। बताओ तो।

**चिन्ता :** तुम भी बड़े भुलक्कड़ हो। इसी में तो मारे जाते हो। उस दिन इस शिव की मूर्ति के बारे में सुरेन ने तुम्हें कितने प्रश्न किए थे, जैसे तुम्हें कुरेद-कुरेद कर जवाब बाहर निकाल रहा हो! उस दिन वो पूछ रहा था कि इस मूर्ति को अगर बेच दिया जाए तो उससे कितने पैसे मिल सकते हैं? अब याद आया कुछ?

**फ़्लैशबैक**

**सुरेन :** अच्छा, दीप्लेन्द्र, यह तो बताओ, शिव की इस मूर्ति को अगर बेच दिया जाए तो कितने रुपए मिलेंगे?

**दीप्लेन्द्र :** ये मूर्ति?

**सुरेन :** हाँ, यही। यह शिव की मूर्ति।

**दीप्लेन्द्र :** ये तो मैं नहीं बता सकता सुरेन। यह मूर्ति तो अमूल्य है।

**सुरेन :** फिर भी। कुछ अनुमान तो कर ही सकते हो। क्या दाम होंगे इसके?

**दीप्लेन्द्र :** दाम से तुम्हारा क्या मतलब है, ये पहले समझाओ सुरेन।

**सुरेन :** देखो दीप्लेन्द्र, आज अगर मैं शिव की बिलकुल ऐसी ही मूर्ति ख़रीदना चाहूँ तो मुझे कितने में मिलेगी? या यूँ समझो कि आज मैं इसे बेचना चाहता हूँ, तो मुझे कितने में बेचनी चाहिए?

**दीप्लेन्द्र :** पहली बात तो ये है सुरेन कि ये मूर्ति तुम्हारी सम्पत्ति नहीं है, इसलिए तुम इसे बेच नहीं सकते हो। और अगर तुम इसे ख़रीदना चाहते हो तो किससे ख़रीदोगे? उसे बेच कौन रहा है?

**सुरेन :** मैं तो तुम्हें यूँ ही फ़र्ज़ करने को कह रहा हूँ। मैंने कहाँ इसके सचमुच बेचने ख़रीदने की बात की है?

**दीप्लेन्द्र :** देखो भाई, इस मामले में मेरा ज्ञान नहीं के बराबर है। पिछले दिनों मैं मद्रास गया था। वहाँ प्राचीन शिल्पों की एक दुकान में मैंने ब्रोंस से बनाई हुई पार्वती की मूर्ति देखी थी। बहुत ही छोटी थी। और उसकी क़ीमत थी ढाई हज़ार रुपए। उस हिसाब से अगर देखा जाए तो शिव की यह मूर्ति पचास-साठ हज़ार की तो होनी ही चाहिए कम-से-कम। वैसे इससे ज़्यादा ही होगी, कम नहीं।

**सुरेन :** *(आश्चर्य से)* क्या कह रहे हो तुम? पचास-साठ हज़ार रुपए की एक मामूली पत्थर की क़ीमत? अरे बाप रे! इतने रुपयों से तो एक ब्रांड न्यू गाड़ी ख़रीदी जा सकती है।

**दीप्लेन्द्र :** पचास-साठ हज़ार तो मैंने बहुत कम बताए हैं। सुरेन। यह क्या कोई साधारण पत्थर है? कितनी अद्‌भुत चीज़ है यह, देख नहीं रहे? इस पर कितना बढ़िया काम किया गया है! और फिर कितनी प्राचीन है यह मूर्ति, ये भी तो सोचो। इसे पैसों से ख़रीदा नहीं जा सकता सुरेन। यह तो बड़ी ऊँची चीज़ है।

**सुरेन :** *(सोच रहा है, ऐसे स्वर में)* आह! इसे चुपचाप यहाँ से हटाकर कहीं ले आया जाए तो...

**दीप्लेन्द्र :** कहाँ ले जाओगे?

**सुरेन :** इस घर से इसे बाहर निकाल पाऊँ, तब तो मेरा बेड़ा पार समझो। किसी को पता ही नहीं चलेगा। और इस बेचारे को पूछनेवाला है भी कौन? इसे हटाने में तो मुझे कोई समस्या दिख नहीं रही। यहाँ देखता कौन है?

**दीप्लेन्द्र :** *(मूर्ख की तरह हँसता हुआ)* तुम भी कैसा मज़ाक़ करते हो सुरेन! *(स्वर बदलकर)* अरे चिन्ता, ज़रा चाय-वाय

बनाओ न! अब तो पांडिचेरी में हमारी ज़िन्दगी का यह आख़िरी दिन है और सुरेन का हमारे इस घर में आना भी तो आख़िरी है।

**चिन्ता :** हाँ, बिलकुल ठीक है। मैं अभी चाय का पानी चढ़ा देती हूँ। *(जाती है)*

**सुरेन :** तुमने कमरे तो लगभग ख़ाली कर दिये हैं। लगता है, सारा सामान चेक कर डाला है।

**दीप्लेन्द्र :** वैसे ख़ास सामान था ही नहीं। यहाँ मैं घर बनाने थोड़े ही आया था! बस, सिर्फ़ बर्तन और कपड़े साथ ले जा रहे हैं। और कुछ तो है भी नहीं। हाँ, किताबें हैं। वे भी साथ जाएँगी।

**सुरेन :** और अलमारी? खाट? मेज़-कुर्सी?

**दीप्लेन्द्र :** वो सब तो किराए का था। हर महीने उसका किराया देते थे। आज ही सारा फ़र्नीचर लौटा दिया है। सिर्फ़ आज रात को सोने के लिए दो खाटें रखी हैं। वे भी सुबह चली जाएँगी।

**सुरेन :** तुम्हारी बेंत की टेबल-कुर्सी बहुत सुन्दर थीं।

**दीप्लेन्द्र :** हाँ, सुरेन, यहाँ बेंत का काम अच्छा होता है। वो टेबल-कुर्सी हमने ख़रीदी थी। उन्हें आज सुबह ही बेच डाली।

**सुरेन :** अच्छी रक़म मिली होगी?

**दीप्लेन्द्र :** अच्छा-बुरा तो भगवान जाने। जो मिला सो ले लिया। यहाँ तो हर महीने नए लोग आते हैं और घर बसाते हैं, इसलिए ख़रीदार की कमी नहीं है।

**सुरेन :** हाँ, शहर बहुत छोटा है लेकिन लोगों का आना-जाना तो बना ही रहता है।

**दीप्लेन्द्र :** *(दीर्घ निःश्वास के साथ)* छोड़ो उसको। अपनी बात बताओ, तुम्हारा अब क्या प्लान है?

**सुरेन :** मेरा प्लान बाद में सुनना, पहले अपना बताओ।

**दीप्लेन्द्र :** हमारा प्लान? तो सुनो। कल रात की ट्रेन से हम मद्रास जाएँगे। सुबह मद्रास पहुँचकर सारा दिन वहीं काटेंगे और फिर रात की गाड़ी से दिल्ली के लिए रवाना।

**चिन्ता :** ये लो तुम लोगों की चाय और ये वाय।

*[सब हँसते हैं।]*

**सुरेन :** तो आप चाय को चाय कहती हैं और समोसे को वाय कहती हैं?

*[सब हँसते हैं।]*

**दीप्लेन्द्र :** अब सुरेन, तुम अपना प्लान सुनाओ।

**सुरेन :** तुम लोग कल जा रहे हो इसलिए दिन में हमारा यहाँ आ जाना ठीक नहीं होगा।

**दीप्लेन्द्र :** क्यों? मैं तो समझता हूँ, वही सबसे बढ़िया रहेगा। तुम्हारा क्या ख़याल है चिन्ता?

**चिन्ता :** किसकी बात कर रहे हो? मैं समझी नहीं?

**दीप्लेन्द्र :** देखो चिन्ता, हम रात को जाएँगे और सुरेन दिन में यहाँ शिफ़्ट हो जाएगा।

**चिन्ता :** वाह, यह तो बहुत अच्छी बात है! दीपू ठीक ही कह रहा है। सुरेन बाबू, हमारे होते हुए ही आप आ जाइए।

**दीप्लेन्द्र :** ऐसा करने से इस मकान को ख़ाली छोड़कर नहीं जाना पड़ेगा।

**सुरेन :** नहीं दीप्लेन्द्र, मुझे लगता है, परसों सुबह से पहले हम शिफ़्ट ही नहीं कर पाएँगे। हमारा सामान भी तो कितना है।

**चिन्ता :** तब तो मुश्किल है। पूरी एक रात इस मकान में सन्नाटा छाया रहेगा।

**दीप्लेन्द्र :** *(भावुक होकर)* अकेले शिव का राज होगा कल रात को। उनको तो किसी चीज़ की ज़रूरत नहीं पड़ती। सबके बीच होते हुए भी सबसे अलिप्त!

**सुरेन :** अब इतने भावुक मत बनो दीप्लेन्द! तुम लोग यहाँ आए, उससे पहले यह मकान काफ़ी अर्से से ख़ाली था।

**दीप्लेन्द्र :** हाँ, मैंने सुना था। शायद तीन महीने ख़ाली रहा।

**चिन्ता :** आप लोग इस मकान में आ जाएँगे, यह सुनकर सच, मुझे बहुत ख़ुशी हो रही है।

**दीप्लेन्द्र :** तुम लोगों का यहाँ आना, हमारा यहीं रुक जाने के बराबर है सुरेन! दिल्ली में बैठकर जब हम इस बात को सोचेंगे, हमें अच्छा लगेगा।

**सुरेन :** वैसे तो मेरा मकान यहाँ से ख़ास दूर नहीं है, लेकिन सामान को बाँधने में ही काफ़ी समय लग जाएगा।

**दीप्लेन्द्र :** हाँ, दो रास्ते छोड़कर ही तो तुम्हारा घर है। ये अच्छा हो गया सुरेन, आख़िर तुम्हें यह मकान मिल ही गया।

**सुरेन :** हाँ, भाई, किसी तरह मैनेज कर लिया। थैंक्स टू मिस्टर कृष्णास्वामी।

**दीप्लेन्द्र :** हमारे चीफ़ सेक्रेटरी साहब से तुम्हारी अच्छी दोस्ती हो गई है। उसी का यह फल है। नहीं तो तुम तो मेडिकल कॉलेज में पढ़ाते हो और यह मकान सरकारी है। नियमों के अनुसार यह तुम्हें मिल नहीं सकता।

**सुरेन :** *(हँसता हुआ)* अरे भाई, यूँ ही समझो कि बिल्ली का सौभाग्य कि छींका टूटा। वैसे तुमने ठीक ही कहा, सब कुछ तुम्हारे चीफ़ सेक्रेटरी की बदौलत—थैंक्स टू मिस्टर कृष्णास्वामी!

**दीप्लेन्द्र :** मैं तो पांडिचेरी सरकार का ही इन्फ़र्मेशन अधिकारी था इसलिए मुझे उलटा यह ऑफ़र किया गया था। *(व्यंग्य से)* इन्फ़र्मेशन दे-देकर धन्य हो गया।

**सुरेन :** लेकिन अब तुम्हें कोई इन्फ़र्मेशन नहीं देनी है, बस, पंख पसारो और उड़ जाओ।

**दीप्लेन्द्र :** लेकिन एक बात है सुरेन, इन्फ़र्मेशन के आदान-प्रदान से धन्य हुआ या नहीं, यह तो भगवान जाने, पर यह मकान पाकर ज़रूर धन्य हो गया हूँ।

**चिन्ता :** तुम्हें याद है दीपू, यह मकान देखने से पहले हमें और कितने मकान दिखाए गए थे?

**दीप्लेन्द्र :** हाँ, तीन-चार तो देखे ही होंगे। सब-के-सब शहर के भीतर थे।

**चिन्ता :** एक मकान तो काफ़ी बड़ा था। चार-पाँच कमरे थे। याद है दीपू?

**दीप्लेन्द्र :** हाँ, मन्दिर के पासवाला मकान।

**सुरेन :** अरे बाबा, वहाँ न जाकर तुमने अच्छा ही किया है। वहाँ तो दिन-रात लोगों की भीड़ जमा रहती है। शोर भी उतना ही।

**चिन्ता :** यह मकान देखने के बाद दूसरी कोई जगह अच्छी लग सकती है क्या?

**सुरेन :** नहीं यार! ऐसा समुद्र मुझे कहाँ मिलेगा?

**दीप्लेन्द्र :** हाँ, सुरेन, मैं मेरी बेंत की कुर्सी को बरामदे में लाकर घंटों तक रात के अन्धकार में बैठा रहा था और चुपचाप सुनता था—समुद्र की लहरों की यह छपक-छपक, मानो धरती और आकाश के अनन्त प्रेम का संगीत हो!

**चिन्ता :** लेकिन यह मकान देखते ही पसन्द आ जाने का कारण कुछ और है।

**दीप्लेन्द्र :** हाँ, चिन्ता ठीक कह रही है। उसका कारण है—यह शिव की मूर्ति। जब हम मकान देखने आए तब उसे बैठने के कमरे में बाईं ओर रखा पाया।

**सुरेन :** यू मीन, तुम लोग जब इस मकान में आए तब से वह यहाँ इसी तरह से है क्या?

**चिन्ता :** बिलकुल इसी तरह। पता है, उस दिन जो महाशय हमें यह मकान दिखाने के लिए लाए थे, वे बता रहे थे कि फ्रेंच लोगों का यह योगदान सारे पांडिचेरी में चारों ओर पाया जाता है। आपके घर में भी। ऐसी सुन्दर मूर्ति से आपका घर सजा रहेगा और ख़र्च? एक पैसे का भी नहीं।

**दीप्लेन्द्र :** इस पांडिचेरी में पहले तो फ्रेंच लोगों का ही शासन था। उन लोगों की सौन्दर्य-दृष्टि काफ़ी तीव्र थी। इस शहर में ही देखो न, पार्क में, चौराहों पर और भी कई जगहों पर हिन्दू देवी-देवियों की प्राचीन मूर्तियाँ सौन्दर्य बिखेर रही हैं। हमारे घर की तरह और भी न जाने कितने घरों की ये मूर्तियाँ शोभा बनकर रही हैं।

**सुरेन :** सच दीप्लेन्द्र, लगता है, जैसे किसी दूसरी दुनिया से उड़ती-उड़ती ये पृथ्वी पर उतर आई है। अच्छा, यह तो बताओ दीप्लेन्द्र, फ्रेंच लोग इन मूर्तियों को लाए कहाँ से?

**दीप्लेन्द्र :** शायद पास के या दूर के मन्दिरों से उठा लाए थे।

**चिन्ता :** इन मूर्तियों को उपेक्षा या ध्वंस से बचाने के लिए भी शायद वे लोग उसे यहाँ ले आए होंगे।

**सुरेन :** जो भी हो, शिव की इस मूर्ति को घर के भीतर रखकर उन्होंने बहुत अच्छा किया।

**दीप्लेन्द्र :** इसलिए तो सूरज की धूप और समुद्र की क्षारवाली हवा से यह थोड़ा-बहुत बच पाई है।

**सुरेन :** *(कुछ सोचकर)* दीप्लेन्द्र, एक बात तो बताओ, यह मूर्ति कितनी प्राचीन होगी?

**दीप्लेन्द्र :** मैं कैसे बताऊँ सुरेन? मैं इतिहास का विद्यार्थी तो कभी भी नहीं था।

**सुरेन :** फिर भी, कुछ तो सोचा होगा तुमने इसके बारे में?

**दीप्लेन्द्र :** सोचा तो बहुत कुछ है इसके बारे में सुरेन। यह तो मेरे जीवन से जुड़ गई है।

**सुरेन :** तो बताओ न, यह कितनी प्राचीन होगी?

**दीप्लेन्द्र :** शायद पल्लव युग की मूर्ति है।

**सुरेन :** यह तुम कैसे बता सकते हो?

**दीप्लेन्द्र :** क्योंकि इसी प्रकार का शिल्प महाबलिपुरम में पाया जाता है। दोनों के बीच काफ़ी समानता दिख रही है।

महाबलिपुरम पल्लव युग का है, इसलिए मुझे लगता है कि यह मूर्ति भी शायद पल्लव युग की है।

**चिन्ता :** किसी भी युग की क्यों न हो, इस मूर्ति का सबसे महत्त्वपूर्ण पक्ष है इसका अपूर्व सौन्दर्य।

**दीप्लेन्द्र :** *(भावुक होकर)* तुम सच कहती हो चिन्ता। जिस महान शिल्पी ने इस मूर्ति को बनाया, उस स्रष्टा की साधना का चरम रूप पत्थर की इस प्रतिमा से प्रकट हो रहा है।

**चिन्ता :** इस मूर्ति की ओर एक बार आपकी नज़र गई तो बस, आप स्तम्भित होकर इसे देखते रह जाएँगे।

**दीप्लेन्द्र :** हमने भी जब इसे पहली बार देखा तो स्तम्भित हो गए थे। तभी तो यह मकान रख लिया था।

**सुरेन :** क्या तुम लोग वाकई मानते हो कि यह मूर्ति इतनी सुन्दर है?

**दीप्लेन्द्र :** क्या कह रहे हो सुरेन, तुम्हारी आँखें नहीं हैं क्या? देखो, काल की अनेक मौतें इसके बाल, आँख और सीने से झलक रही हैं। इसके ओठों की मुस्कराहट न जाने कितनी सदियों का जमा कोहरा चीरकर, आज इस क्षण भी, हम तक पहुँच रही है—बिलकुल उसी तरह, जिस तरह शाम के समय तारों का प्रकाश लाखों-करोड़ों मीलों का रास्ता काटकर पहुँच जाता है छोटे-छोटे गाँवों की कुटीरों में।

**सुरेन :** तुम सचमुच कवि हो दीप्लेन्द्र। मैं तो कविता के नाम पर बिलकुल जीरो हूँ। टोटल वैक्यूम! यही तो मुश्किल है।

**चिन्ता :** देखिए सुरेन बाबू, इसका हाथ टूट गया है। इसे लकड़ी के सहारे खड़ा कर दिया है। वैसे भी इसके सभी भाग न जाने कितने महीने, वर्ष, शताब्दियों से दिन-रात बहती हुई समुद्र की क्षारवाली हवा के कारण नष्ट होने लगे हैं।

**दीप्लेन्द्र :** *(भावुकता से)* लेकिन इस तरह इसका क्षय होना भी कितना सुन्दर है! इससे वो शिव और भी सुन्दर दिख रहे।

**सुरेन :** तुम लोगों का इस मूर्ति से लगाव देखकर मैं भी अब इसका भक्त बन गया हूँ। इसलिए तो इस मकान में चले आने का लोभ जागा है।

**दीप्लेन्द्र :** *(भावुकता से)* सुरेन, ये शिव कई दिनों से मेरी अनन्त आत्मा का अंश बन गए हैं। इनके सान्निध्य के कारण हमारे बीच बहुत ही गहरा, बहुत ही निकट का रिश्ता बँध गया है।

**सुरेन :** *(अचानक चौंककर)* अरे, रात के नौ बज गए हैं, पता ही नहीं चला! *(हँसकर)* दीप्लेन्द्र, तुम अपनी भावुकता में सभी को साथ बहा ले जाते हो।

**सुरेन :** अब मुझे चलना चाहिए। लक्ष्मी बेचारी इन्तज़ार कर रही होगी।

**चिन्ता :** कल उनको भी साथ ले आना।

**सुरेन :** अब तो उसको साथ लेकर आऊँगा आपके दिल्ली के घर में। दिल्ली में भी तो 'अड्डा' मारने की जगह चाहिए।

*[सब हँसते हैं।]*

**चिन्ता :** वो तो आना ही है। और हमारे ही घर ठहरना है।

**सुरेन :** तो अब चलूँ भाई। ऑल द बेस्ट!

**दीप्लेन्द्र :** कल मिल रहे हो न?

**सुरेन :** हाँ-हाँ, सीधा स्टेशन जाऊँगा।

**चिन्ता :** अच्छा, सुरेन बाबू, नमस्कार।

**दीप्लेन्द्र :** *(दीर्घ निःश्वास के साथ)* सुरेन, अब तो पंछी के उड़ने का समय आ गया है। बस, अब हम यह घोंसला छोड़ देंगे। देखो तो सुरेन, मेरे शिव को देखो।

**सुरेन :** *(हँसकर)* तुम्हारा शिव?

**दीप्लेन्द्र :** नहीं, नहीं, मेरा नहीं, किसी का भी नहीं। तभी तो यहाँ के इस एकाकी जीवन में मुझे इतने दिनों तक उनका संग मिला। और किसी के होते तो मुझे थोड़े ही मिलते? लेकिन मेरे एकान्त में जो संग उन्होंने दिया, वह तो मेरी अपनी सम्पत्ति है न? बिलकुल मेरी। तभी तो मैंने कहा कि मेरे शिव। लेकिन अब क्या? अब तो वह तुम्हारे हो जाएँगे।

**फ़्लैशबैक समाप्त**

**दीप्लेन्द्र :** *(दाँत भींचकर)* और अब देखो, हो गई न सारी बात स्पष्ट?

**चिन्ता :** हाँ, दीपू, अब तो सब कुछ साफ़ नज़र आ रहा है।

**दीप्लेन्द्र :** *(गुस्से से)* इस सुरेन ने आख़िर शिव की मूर्ति को चुरा ही लिया।

**चिन्ता :** शायद उसके बहनोई जब पांडिचेरी गए थे तब वे ही उसे वहाँ से उठा लाए होंगे।

**दीप्लेन्द्र :** हाँ, चिन्ता, मुझे लगता है, तुम ठीक कहती हो, वैसा ही हुआ होगा। सुरेन के बहनोई ने अपने लिए ही मूर्ति वहाँ से उठा ली होगी, सुरेन के लिए नहीं।

**चिन्ता :** शायद संस्कृति के प्रचारक महाशय उसे बेचकर पचास-साठ हज़ार पैदा कर लेंगे।

**दीप्लेन्द्र :** *(दाँत भींचकर)* कमबख़्त चोर कहीं के! शैतान! कमीने! ओह! मेरा रोम-रोम जल रहा है। यह तुमने क्या किया सुरेन! तुम्हें शर्म नहीं आई?

**चिन्ता :** छी:-छी:-छी:!

**दीप्लेन्द्र :** तुम्हें याद है चिन्ता, सुरेन के यही बहनोई उस दिन हमारे घर कैसी बातें कर रहे थे? कह रहे थे : इतनी सारी चीनी गई कहाँ? रातोंरात किसी समुद्र में जा डूबी क्या?

सब चोर हैं। सब-के-सब बदमाश हैं! अब उस चीनी का काला बाज़ार होगा। भ्रष्टाचार होगा।

**चिन्ता :** चीनी चुरानेवाला चोर और मूर्ति चुरानेवाला संस्कृति का प्रचारक!! हँः, क्या देशभक्ति दिखाते हैं ये लोग!

**दीप्लेन्द्र :** *(ग़ुस्से से)* उसी अरविन्द बाबू को आज मैं कहना चाहता हूँ, 'तुम चोर हो, तुम बदमाश हो!' *(व्यंग्य से)* नहीं, नहीं, आप कैसे चोर हो सकते हैं? आपके मुँह में तो चिरूट है, आँखों पर मोटे फ्रेम का चश्मा है। जेब में नौकरी है। इन सबके अलावा, आपके घर में रेम्ब्रांट, पिकासो, जामिनी राय और...अब तो पल्लव युग की यह शिवमूर्ति भी है!

**चिन्ता :** शान्त हो जाओ दीपू, तुम ज़रा शान्त हो जाओ।

**दीप्लेन्द्र :** *(निराशा से)* चिन्ता, इस धरती पर केवल नाम बदलते हैं। *(व्यंग्य से)* नहीं, नहीं, अरविन्द बाबू, आप क्यों चोर होने लगे? आप तो संस्कृति के प्रचारक और प्रणेता हैं!

**चिन्ता :** दीपू, इतना ग़ुस्सा मत करो। यूँ देखो तो सब कुछ चोरी का ही है।

**दीप्लेन्द्र :** क्या मतलब?

## फ़्लैशबैक

**अरविन्द :** पांडिचेरी में कल्चर सीन कैसा है?

**दीप्लेन्द्र :** यहाँ तो फ्रेंच लोगों का आधिपत्य है। कल्चर के मामले में उनका मुक़ाबला करना मुश्किल है।

**अरविन्द :** वैसे दक्षिण भारत के लोग नृत्य और संगीत में काफ़ी रुचि रखते हैं।

**दीप्लेन्द्र :** सो तो है, लेकिन हमारे यहाँ तो संस्कृति और कला में भी पॉलिटिक्स घुस आई है।

**अरविन्द :** आपकी बात बिलकुल ठीक है। जीवन का शायद ही कोई पक्ष ऐसा होगा जिसमें पॉलिटिक्स न हो।

**दीप्लेन्द्र :** और भ्रष्टाचार भी तो मीठे ज़हर की तरह समाज को खा रहा है।

**अरविन्द :** अब चीनी की समस्या को ही देखो।

**सुरेन :** जब भी चीनी लेने जाओ, दुकानदार क़हेगा—बाबू, अभी माल नहीं आया।

**अरविन्द :** सब-के-सब चोर हैं। सारी चीनी गोदामों में गेहूँ की बोरियों के नीचे छुपा देते हैं और फिर उसका काला बाज़ार होता है। तीन रुपए किलो का माल दस रुपए में बिकता है।

**सुरेन :** और त्योहार के दिन हो तो पन्द्रह रुपए।

**अरविन्द :** कैसा भ्रष्टाचार चल रहा है! जब लोगों की यही मेंटालिटी हो तो आप उनको कल्चर क्या सिखाएँगे?

**दीप्लेन्द्र :** कल्चर तो आपका ख़ास विषय है अरविन्द बाबू!

**अरविन्द :** हाँ, बिलकुल है। इस क्षेत्र में मैं सालों से काम कर रहा हूँ, लेकिन पता नहीं, वास्तव में कुछ हो भी पाया है या नहीं। ऐसी चोरबाज़ारी के सामने कल्चर जैसी कोमल चीज़ कहाँ से टिक पाएगी?

**दीप्लेन्द्र :** सो तो है, लेकिन मुझे लगता है, हमें सदा प्रयत्नशील रहना चाहिए।

**अरविन्द :** आप ठीक कह रहे हैं। मैं भी किसी से हार नहीं मानता हूँ लेकिन आप यह मत भूलिए, चोरों के हाथ काफ़ी तगड़े होते हैं।

**सुरेन :** और दिमाग़ भी बड़ा सतर्क।

**अरविन्द :** कई अवरोधों के बीच भ्रष्टाचारी समाज के बीच में अपना काम निष्ठा से किए जा रहा हूँ। कर्मण्येवाधिकारस्ते, मा फलेषु कदाचन।

**फ़्लैशबैक समाप्त**

**चिन्ता :** पांडिचेरी के उस मकान में शिव की मूर्ति आई कहाँ से ? वो भी तो कहीं से चोरी करके उठाया हुआ धन है ! ठीक है न ?

**दीप्लेन्द्र :** ये तुम क्या कह रही हो ?

**चिन्ता :** और नहीं तो क्या ? फ्रेंच लोग भी तो इस मूर्ति को किसी मन्दिर से चुरा लाए होंगे।

**दीप्लेन्द्र :** यानी तुम यह कहना चाहती हो कि इस मूर्ति के साथ एक चोरी के बाद दूसरी चोरी का सिलसिला चलता रहेगा, यही उसकी नियति है ?

**चिन्ता :** बिलकुल। देखो दीपू, सारी पृथ्वी, सारा इतिहास क्या है ? सिर्फ़ चोरों का मेला। तो फिर उसमें से एक अति साधारण, तुच्छ, क्षुद्र व्यक्ति को अलग करके उसे गालियाँ क्यों देते हो ?

**दीप्लेन्द्र :** *(गम्भीर भाव से)* हुँ !

**चिन्ता :** और फिर सौन्दर्य किसी एक व्यक्ति की सम्पत्ति तो नहीं, वह तो सभी लोगों की, अतीत, वर्तमान और भविष्य की, आकाश की, हवा की, जीवन और मृत्यु की—सभी की सम्पत्ति है। हम उसे स्पष्ट कर अपने पास रखना चाहें तो क्या वह सौन्दर्य केवल हमारा हो जाएगा ? यही शिवमूर्ति क्या केवल सुरेन या अरविन्द बाबू की होकर रह जाएगी ?

**दीप्लेन्द्र :** तुम ठीक कहती हो चिन्ता, लेकिन मेरा मन नहीं मानता है। वे लोग इस मूर्ति को किसी म्यूज़ियम में तो दे सकते थे। तब मुझे इतना दुख न होता। लेकिन, ये जो चोरी की है न—छीः-छीः—मुझे तो इनसे घृणा हो रही है।

**चिन्ता :** तुम्हारा यह दुख मैं समझ सकती हूँ। बहुत स्वाभाविक भी है। मुझे भी बड़ा ग़ुस्सा आ रहा है। दुख भी हो रहा है। लेकिन...

**दीप्लेन्द्र :** *(अपने-आपसे)* सच, सुरेन ठीक ही कह रहा था कि मेरे शिव आजकल ख़ूब ही आराम फ़रमा रहे हैं। हे

कैलाशच्युत महेन्द्र। आपको आराम करने के लिए संस्कृति के प्रणेता, धनवान अरविन्द बाबू के घर आना पड़ा? *(दाँत भींचकर)* संस्कृति के या विकृति के? छीः-छीः! तुम भी कैसे शिव हो? इस तरह यहाँ आकर बैठने में तुम्हें शर्म नहीं आई?

**चिन्ता :** दीपू, क्या बोल रहे हो तुम?

**दीप्लेन्द्र :** *(उसी तरह उन्माद की स्थिति में)* आज यहाँ इस तरह विराजकर तुम अपनी मुस्कुराहट फैला रहे हो? इतना बड़ा पाशविक, अमानुष अत्याचार तुम चुपचाप सह रहे हो? मुँह से उफ़ तक नहीं किया?

**चिन्ता :** दीपू! हे दीपू!

**दीप्लेन्द्र :** *(उसी तरह उन्माद में)* कहाँ गया तुम्हारा वह नटराज का स्वरूप? एक दिन तुमने उस पापी को अपने पैर के नीचे कुचलकर दिग्दिगंत को डगमगा दिया था। भयानक डमरू बजाकर आग की लपटों के बीच अपने-आपको रख दिया था। तुम वही शिव हो क्या?

**चिन्ता :** शान्त हो जाओ दीपू! प्लीज़, दीपू!

**दीप्लेन्द्र :** *(उन्माद में ही)* आज तुम ख़ुद एक पापी के घर में चुराए हुए धन के रूप में यहीं बैठकर आराम फ़रमा रहे हो? तुम्हारा डमरू कहाँ गया? आग की वे लपटें कहाँ गईं? तुम्हारा तांडव कहाँ गया? *(दाँत भींचकर)* गूँगे, बहरे, जड़-पत्थर कहीं के!

**चिन्ता :** दीपू, तुम्हें हो क्या गया है? ज़रा शान्त हो जाओ!

**दीप्लेन्द्र :** *(स्वर थोड़ा शान्त करके)* तुम जानती हो चिन्ता, मुझे तो लगता है कि आज हम जो यहाँ आए, उसके पीछे एक ख़ास उद्देश्य छिपा था, जिसके बारे में हम कुछ भी नहीं जानते थे। वही एक मात्र उद्देश्य था। जानती हो क्या?

**चिन्ता :** क्या?

**दीप्लेन्द्र :** वह मूर्ति यहाँ पड़ी है, इस बात की जानकारी।

**चिन्ता** : हँ! मुझे लगता है, विधाता ने इसीलिए नौकरी का लालच दिखाकर हमें यहाँ बुलाया। उसने भी कैसी योजना बनाई हमें यह दिखाने के लिए!

**दीप्लेन्द्र** : *(अचानक सतर्क होकर)* सुनो चिन्ता, अब यहाँ करने को कुछ भी नहीं है। अब मैं यहाँ एक पल भी नहीं बैठना चाहता हूँ।

**चिन्ता** : सुरेन तो अभी भी नहीं आया। शायद दाढ़ी बना रहा होगा!

**दीप्लेन्द्र** : नहीं, नहीं। उसके आने से पहले ही हमें यहाँ से भागना होगा। एक़दम फ़ौरन।

**चिन्ता** : उन्हें कुछ बताए बिना ही चले जाएँगे? इस तरह भाग जाना कायरता नहीं है क्या?

**दीप्लेन्द्र** : तो कुछ लिखकर जाऊँ? क्या ख़याल है तुम्हारा?

**चिन्ता** : हाँ, वो ठीक रहेगा।

**दीप्लेन्द्र** : लेकिन लिखूँ किस पर? काग़ज़ कहाँ है? *(अचानक याद आता है)* अरे हाँ, मैं अरविन्द बाबू को देने के लिए अपना बायोडेटा ले आया था, उसके पीछे का हिस्सा ख़ाली है। उसी पर लिख डालता हूँ।

**चिन्ता** : जल्दी लिखो। कहीं कोई आ न जाए!

*[दीप्लेन्द्र जेब से काग़ज़ निकालकर लिखने लगता है।]*

**चिन्ता** : क्या लिखा तुमने?

**दीप्लेन्द्र** : मैंने लिखा है : 'भाई सुरेन! जा रहा हूँ। मुझे नौकरी नहीं चाहिए। इति। दीप्लेन्द्र।'

**चिन्ता** : उहूँ, यह ठीक नहीं हुआ।

**दीप्लेन्द्र** : ठीक नहीं है यह?

**चिन्ता** : नहीं, दीपू, तुम यहाँ से क्यों जा रहे हो, इसका कारण स्पष्ट नहीं हुआ है। तुम्हें खुलकर लिखना होगा। थोड़ा साहसी बनना होगा।

**दीप्लेन्द्र** : साहसी बनना होगा ?

**चिन्ता** : तुम्हें किसका डर है ? इन लोगों से तो तुम्हें कुछ भी नहीं चाहिए। और दीपू, हर इनसान को जीवन तो एक बार ही मिलता है। ये बड़ी सुन्दर अमूल्य वस्तु है दीपू। तुम इसका अपमान मत करो। तुम्हें भद्रता का मुखौटा पहनने की ज़रूरत नहीं है।

**दीप्लेन्द्र** : बिलकुल ठीक। चिन्ता, तुम सच कहती हो। थैंक्यू वेरी मच।

*[दीप्लेन्द्र फिर से लिखने लगता है। बीच-बीच में हं-अं जैसी आवाज़ें करता है—कुछ शब्द फुसफसाकर बोलता है।]*

**दीप्लेन्द्र** : सुनोगी ?

**चिन्ता** : हाँ, सुनाओ।

**दीप्लेन्द्र** : पहले जो लिखा था, उसे काट डाला है और ये उसके नीचे लिखा है : 'सुरेन, मेरे शिव के साथ क्या हुआ है, मैंने देखा। सच, वे ख़ूब ही आराम फ़रमा रहे हैं। लेकिन मैंने सपने में भी नहीं सोचा था कि तुम ऐसा काम करोगे। तुमने जो किया है, वह देखकर अब मैं तुमसे घृणा करने लगा हूँ। तुम्हारे बहनोई अरविन्द बाबू से भी घृणा करता हूँ। इसीलिए जा रहा हूँ। तुम्हारी या तुम्हारे बहनोई की सहायता से मैं कोई भी नौकरी नहीं चाहता हूँ। और मुझे मिलने की कोशिश कभी भी मत करना। इति। दीप्लेन्द्र।'

**चिन्ता** : वाह ! अच्छा लिखा तुमने।

**दीप्लेन्द्र** : इस काग़ज़ को टेबल के ऊपर रख दूँ ?

**चिन्ता** : हाँ, वहीं रख दो।

**दीप्लेन्द्र** : उड़ गया तो ?

**चिन्ता** : एक आइडिया है दीप्लेन्द्र। वहाँ से पिकासो को उठाओ और चिट्ठी को मेज़ पर रखकर उसी पर किताब रख दो।

**दीप्लेन्द्र :** वंडरफुल चिन्ता! उस बहाने वो पिकासो को छुएगा तो सही!

*[दोनों हँसते हैं।]*

**चिन्ता :** हँ, अब नहीं उड़ेगा।

**दीप्लेन्द्र :** चलो चिन्ता, अब इस कमरे से बाहर निकल जाएँ। कमरे के बाहर बरामदा और फिर दरवाज़ा।

**चिन्ता :** और दरवाज़े से निकलते ही बग़ीचा। उसमें गुलाब के फूलों की सुगन्ध, मुक्त आकाश...!

# बिन्दी

[श्रीमती लाभुबहन मेहता की गुजराती कहानी 'बिन्दी'
पर आधारित नाट्यरूपांतर]

## पात्र

| | | |
|---|---|---|
| **दादी माँ** | : | 75 |
| **सविता** | : | (कमला की माँ) 50 |
| **दीनानाथ** | : | (कमला के पिता) 55 |
| **कमला** | : | 18 |
| **अशोक** | : | (कमला का पति) 25 |
| **महेन्द्र** | : | (अशोक का मित्र) 25 |
| **सरोज** | : | (अशोक की माँ) 50 |
| **अशोक के पिता** | : | 60 |
| **मीना** | : | (अशोक की बहन) 13 |
| **डॉक्टर तलवार** | : | 50 |

*[शहनाई का स्वर]*

**दादी माँ** : शहनाई तो ऐसे बज रही है, जैसे आज ही बिटिया का ब्याह हो!

**सविता** : माँ जी, अब ब्याह भी हो जाएगा।

**दादी माँ** : अरी बहू, कमला को देखने लड़केवाले कितने बजे आएँगे?

**सविता** : अभी एक घंटा और बाक़ी है।

**दादी माँ :** सारी तैयारियाँ हो गई हैं?

**सविता :** रामू मिठाई लेने गया है। बस, आता ही होगा।

**दादी माँ :** सुन सविता, कमला को ऐसे सजाना कि परी लगे! *(कुछ हँसकर व कुछ शरमाकर)* वैसे रूप तो उसने अपनी दादी से ही पाया है। मैं बचपन में बिलकुल कमला जैसी दिखती थी!

**सविता :** *(हँसकर)* हाँ, माँजी, कमला का चेहरा सचमुच आप ही पर है।

**दादी माँ :** सविता, मेरे मायके से जो लाल बंधेज आया था न, वही पहनाना कमला को। उसके साथ गोटेवाला लहँगा और चोली।

**सविता :** मैं सोच ही रही थी कि क्या पहनाऊँ कमला को। वह लाल बंधेज उस पर ख़ूब सजेगा।

**दादी माँ :** और देखो बहू, वह हर रोज़ जो चुटिया बनाती है, वैसी मत बनाना। अच्छा-सा जूड़ा बनाकर बीच में वह चाँदी का चाँद लगा देना।

**सविता :** आपने तो सब कुछ सोच रखा है। मुझे तो अब तक फ़ुर्सत ही नहीं मिली इतना सोचने की। अब उसे तैयार कर दूँ, नहीं तो देर हो जाएगी।

**दादी माँ :** अरे जा कहाँ रही है? पूरी बात तो सुन ले। माथे पर नए फ़ैशन की बिन्दी बनाना। तेरे-मेरे ज़माने की गोलवाली नहीं, समझी? और हाँ, उसने जो काँच की चूड़ियाँ पहन रखी हैं, वह निकाल देना।

**सविता :** पिछली दीवाली पर उसके लिए जो सोने की चूड़ियाँ बनवाई थीं, वही पहना दूँ?

**दादी माँ :** हाँ, वही चूड़ियाँ और उसके साथ मेरा सोने का हार...लड़के वाले देखते रह जाएँगे मेरी बिटिया को।

**सविता :** माँ जी, सुना है, बड़े अमीर लोग हैं?

**दादी माँ :** अरे उनकी अमीरी तो पुरखों के ज़माने से चली आ रही है। तभी तो कह रही हूँ, अपनी कमला को ऐसे सजाना कि लड़का अपनी आँख हटा न पाए!

**सविता :** मैं भी भुलक्कड़ हूँ माँजी। कमला को नहाने भेजा था और तौलिया अब तक मेरे हाथ में ही है! बेचारी ठिठुर रही होगी।

**दादी माँ :** जा, जा, जल्दी कर। मैंने जो कहा, सब कुछ याद है न?

**सविता :** हाँ, माँ जी।

*[कमला की आवाज़ :]*

**कमला :** *(चिल्लाकर)* माँ...ओ माँ, तौलिया देना।

**सविता :** *(चिल्लाकर)* यह ले। मैं तो भूल ही गई थी।

**कमला :** कहाँ चली गई थीं?

**सविता :** तुम्हारी दादी के पास।

**कमला :** क्या कह रही थी दादी माँ?

**सविता :** वे कह रही थीं कि मेरी बिटिया को ऐसे सजाना कि हू-ब-हू परी लगे!

**कमला :** इतनी सज-धज क्यों माँ? मुझे नहीं अच्छा लगता।

**सविता :** जो लोग आज तुझे देखने आ रहे हैं, वह बड़ा अच्छा परिवार है। अमीर भी हैं। वहाँ अगर तेरा रिश्ता पक्का हो गया तो सारी उम्र राजरानी बनकर रहेगी, समझी?

**कमला :** अगर मैं अच्छे-अच्छे कपड़े-गहने न पहनूँ तो क्या बुरी लगूँगी?

**सविता :** ऐसी बात नहीं है बेटा। लेकिन अपने समाज में यह चला आ रहा है इसलिए हम भी वैसा ही करते हैं। अब चल, तेरे बाल बना दूँ।

**कमला :** बाल तो मैं अपने-आप बना लूँगी।

**सविता :** आज तो जूड़ा बनाना है और दादी माँ ने कहा है, जूड़े के बीचोबीच चाँदी का चाँद लगाना है।

**कमला :** *(थोड़ा-सा चिढ़ती हुई)* तो अब मैं इस चौकी पर बुत की तरह बैठ जाती हूँ। तुम्हें जो करना हो, करो।

**सविता :** देख कमला, यह ग़ुस्सा करने का वक़्त नहीं है। मुँह चिड़चिड़ा रहेगा तो सुन्दर थोड़े ही दिखेगा?

**कमला :** ठीक बाबा, ठीक!

**सविता :** तो फिर हँसो।

**कमला :** *(हँसकर)* बस?

**सविता :** बस। अब चुपचाप बैठ और मुझे अपना काम करने दे।

*[दादी माँ आती हैं।]*

**दादी माँ :** सविता, कमला तैयार हो गई?

**सविता :** अभी कहाँ? अभी तो बाल ही बन रहे हैं!

**दादी माँ :** लाओ, चाबी दो, मैं बंधेज और गहने निकाल दूँ।

**सविता :** ये लीजिए।

*[चाबियों के गुच्छे की आवाज़। दादी माँ चली जाती हैं।]*

**कमला :** अच्छा, माँ, यह तो बताओ, तुम्हें भी बापू इसी तरह देखने आए थे क्या?

**सविता :** और नहीं तो क्या! उनके घर से चार जने आए थे : तेरे बापू, तेरे दादाजी, चाचाजी और मामाजी।

**कमला :** और तुम भी सज-धजकर उनके सामने बैठी थीं?

**सविता :** ना बाबा। हमारे ज़माने में उस कमरे में थोड़े ही बैठते थे! वक़्त आने पर मुझे बुलाया। मैं मिठाई की प्लेट लेकर उन लोगों के सामने गई थी।

**कमला :** *(हँसकर)* बापू उस समय तुम्हें घूर-घूरकर देख रहे होंगे?

**सविता :** *(हँसकर)* अरे तुम्हारे बापू ने नज़र ही ऊपर नहीं उठाई! मुझे देखा ही नहीं!

**कमला :** अरे, तो फिर ये क्या देखना हुआ?

**सविता :** लेकिन बाक़ी के तीनों ने तो अच्छे से देख लिया था। *(हँसती है)*

**कमला :** और माँ, तुमने भी बापू को ग़ौर से देख लिया था न? *(हँसती है)*

**सविता :** *(हँसती हुई)* हाँ, कनखियों से तो देख ही लिया था!

**कमला :** *(ताली बजाकर)* बहुत ख़ूब...बहुत ख़ूब!

*[दादी माँ का प्रवेश]*

**दादी माँ :** ऐ कमला, अब तू बच्ची नहीं है। इस तरह तालियाँ बजाकर मत हँस। और देख, उन मेहमानों के सामने तो तुम एक सयानी लड़की बनकर बैठी रहना।

**कमला :** लेकिन वो लोग कुछ पूछें तो?

**दादी माँ :** जो पूछे, उसका बहुत ही नम्रता से, धीमी आवाज़ से जवाब देना, समझी?

**कमला :** *(चिढ़कर)* अब तोते की तरह कुछ रटा भी दो!

**सविता :** फिर ग़ुस्सा? चल उठ। जल्दी से कपड़े बदल ले।

**कमला :** *(ख़ुश होकर)* दादी माँ, ये सोने का हार और चूड़ियाँ भी मेरे लिए हैं क्या?

**दादी माँ :** हाँ-हाँ, बेटे, सब।

**कमला :** कितना प्यारा हार है! दादी माँ, यह तुम्हारा हार है न?

**दादी माँ :** हाँ, बिटिया। मैंने ब्याह के समय पहना था।

**कमला :** तब तुम भी मेरी तरह अठारह साल की थीं?

**दादी माँ :** *(हँसकर)* मुझे अठारहवाँ साल लगा था तब तक तो मैं दो बच्चों की माँ बन गई थी!

**कमला :** *(आश्चर्य)* क्या कह रही हो?

**दादी माँ :** और क्या? वो ज़माना ही कुछ और था।

**सविता :** तो शादी कब हुई थी?

**दादी माँ :** बस, तेरहवाँ लगते ही!

**कमला :** तब तो तुम अपनी गुड़िया को भी ससुराल ले गई होंगी! *(हँसती है)*

*[सब हँसते हैं।]*

**दादी माँ :** देखो तो सविता, मेरी कमला गुड़िया को देखो। कितनी प्यारी लग रही है इस बंधेज में!

**सविता :** किसी की नज़र न लग जाए माँ जी! काजल देना ज़रा। कमला के कान के पीछे एक छोटी-सी बिन्दी लगा दूँ।

**कमला :** अं...माँ, तुम भी बड़ी वहमी हो। लो, लगा दो। अरी दादी माँ, ये हार तो मेरे गले में ऐसे बैठ गया जैसे मेरा ही हो!

**सविता :** तुम सचमुच कमला, बिलकुल अपनी दादी पर हो।

**कमला :** *(हँसकर)* दादी माँ, मुझे देखकर अपना बचपन याद आ गया है न? कोई सपना देख रही हो क्या?

**दादी माँ :** बस, बस। बहुत बोलने लगी है। याद है न तुम्हें, मेहमानों के सामने चुप रहना है?

**कमला :** हाँ, बाबा, हाँ, लेकिन वे लोग कुछ पूछें तो? *(हँसकर)* मैं अगर जवाब नहीं दूँगी तो कहेंगे कि लड़की गूँगी है?

*[दीनानाथ का प्रवेश]*

**दीनानाथ :** सविता, क्या कर रहे हो तुम लोग? कमला अभी तैयार नहीं हुई? *(दरवाज़े पर घंटी बजती है)* वो लोग आ ही पहुँचे समझो।

**दादी माँ :** जा सविता, जल्दी से रसोई में जाकर सारा इन्तज़ाम देख ले।

**सविता :** कमला, तू यहीं बैठी रहना। जब मैं बुलाऊँ तब बाहर आना।

**कमला :** मुझे तो डर लग रहा है।

**दीनानाथ :** डरने की क्या बात है बेटा? सब ठीक हो जाएगा।

**कमला :** पता नहीं, बापू, मुझे डर लग रहा है। जैसे कुछ अशुभ होनेवाला हो!

**दादी माँ :** छी:-छी:, छी:-छी:! ऐसी बातें ज़बान पर कभी नहीं लानी चाहिए।

*[फिर से घंटी बजती है।]*

**दीनानाथ :** अरे, अभी तक किसी ने दरवाज़ा नहीं खोला? माँ, लगता है, वही लोग आ पहुँचे हैं। आओ, तुम भी मेरे साथ आओ। मैं दरवाज़ा खोल आऊँ।

*[दरवाज़ा खुलता है।]*

**दादी माँ-**
**दीनानाथ :** आइए, आइए, नमस्कार!

**अशोक के पिता**
**अशोक, महेन्द्र :** नमस्कार, नमस्कार!
**सरोज और**

**दीनानाथ :** आपको मकान ढूँढ़ने में कोई परेशानी तो नहीं हुई?

**महेन्द्र :** नहीं, नहीं, परेशानी कैसी? यह इलाका तो हमारा जाना-पहचाना है।

**अशोक के पिता :** और न होता तब भी क्या? कहते हैं न कि रास्ता पूछते-पूछते तो भगवान तक पहुँचा जा सकता है। यह तो यहीं तक की बात थी!

*[सब हँसते हैं।]*

**दीनानाथ :** आप तो दरवाज़े में ही रुक गए। आइए, आइए, भीतर आइए!

**अशोक के पिता :** आपका परिचय करवा दूँ। यह है मेरी पत्नी सरोज।

**सरोज :** नमस्ते।

**दीनानाथ-दादी :** नमस्ते।

**अशोक के पिता :** और यह मेरा बेटा अशोक और यह उसका दोस्त महेन्द्र। *(हँसकर)* मेरा दूसरा बेटा ही समझ लीजिए।

**अशोक-महेन्द्र :** नमस्ते।

**दीनानाथ-दादी :** नमस्ते।

**दीनानाथ :** मैं भी आपका परिचय करवा दूँ। आप हैं मेरी माताजी।

**दादी :** नमस्ते।

**सब :** नमस्ते।

**दीनानाथ :** *(हँसकर)* मेरी पत्नी सविता और बेटी कमला भीतर आपके स्वागत की तैयारियाँ कर रही हैं।

**सरोज :** आप उन्हें भी बुला लीजिए न, क्यों जी!

**दीनानाथ :** जी हाँ, अभी बुलाता हूँ। सविता...कमला...आओ भई, पहले हमारे मेहमानों से मिल लो। बाद में अपना काम कर लेना।

**अशोक के पिता :** *(हँसकर)* मेहमान? अजी समधी कहिए, समधी! *(सब हँसते हैं)*

*[कमला व सविता का प्रवेश। सभी एक दूसरे को 'नमस्ते' कहते हैं।]*

**दादी माँ :** कमला, अशोक के माता-पिता को प्रणाम करो।

**कमला :** *(धीरे से)* जी।

**अशोक के पिता-**<br>**सरोज :** सुखी रहो बेटी! जुग-जुग जीओ!

**सविता :** जाओ कमला, मेहमानों के लिए नाश्ता ले आओ।

**कमला :** जी।

**सरोज :** रहने दो बेटी। पहले मेरे पास बैठो।

**कमला :** जी।

**सरोज :** पढ़ रही हो?

**कमला :** जी।

**अशोक के पिता :** ख़ैर, पढ़ाई तो शादी के बाद भी हो सकती है, क्यों अशोक जी?

**सरोज :** *(हँसकर)* और ध्यान-धर्म में रुचि रखती हो?

**दादी माँ :** सुबह-शाम भगवान की प्रार्थना तो कर ही लेती है।

**सरोज :** और माँ को रसोई में मदद करती हो न?

**सविता :** खाना पकाने का तो इसे ख़ास शौक़ है।

**महेन्द्र :** *(हँसकर)* तब तो हम सबकी मौज हो जाएगी, क्यों अशोक?

*[सब हँसते हैं।]*

**दीनानाथ :** अशोक, आप भी कुछ पूछिए न?

**अशोक :** *(धीमी आवाज़ से)* मैं क्या पूछूँ? इन लोगों ने तो सब पूछ ही लिया है।

**अशोक के पिता :** दीनानाथ जी, हमारा अशोक बड़ा सीधा लड़का है। बहुत कम बोलता है।

**दीनानाथ :** वो तो ठीक है, लेकिन फिर भी...कमला के साथ अगर वह अकेले में बात करना चाहे...

**अशोक के पिता-**
**सरोज :** नहीं, नहीं, ऐसी कोई ज़रूरत नहीं है।

**दीनानाथ :** *(झिझक के साथ)* तो फिर...

**अशोक के पिता :** *(हँसकर) रिश्ता पक्का।*

**महेन्द्र :** अब तो मुँह मीठा हो जाए।

**दीनानाथ :** ज़रूर, ज़रूर। कमला...सविता, जल्दी से मिठाई, नाश्ता वग़ैरह ले आओ।

**सविता :** जी, अभी लाई।

*[जाती हैं।]*

**अशोक के पिता :** दीनानाथजी, हम तो शगुन की साड़ी भी साथ लाए हैं। ये लीजिए।

**दीनानाथ :** अरे...आप...आपने तो कमाल कर दिया! इतनी जल्दी क्या थी?

**दादी माँ :** मुहरत देखकर करते तो अच्छा होता।

**महेन्द्र :** यह लीजिए, मिठाई भी आ गई।

**दीनानाथ :** सविता, रिश्ता तो पक्का हो गया और विवाह की तिथि भी निश्चित कर लो।

**सविता :** हमारी कमला बड़ी भाग्यवान है।

**दादी माँ :** लीजिए, मुँह मीठा कीजिए।

**अशोक के पिता :** आप भी मुँह मीठा कीजिए।

*[सब हँसते हैं।]*

## दृश्य-2

*[शहनाई का स्वर]*

**सविता :** *(रोती हुई)* जा बेटी। सँभलकर रहना। ईश्वर तेरा भला करे।

**कमला :** माँ...*(रोती है)* बापू।

**दीनानाथ :** *(रुँधी हुई आवाज़ से)* कमला, मेरी बेटी...आ...आओ बेटी, गाड़ी में बैठो।

**कमला :** दादी माँ...*(रोती है)*

**दादी माँ :** *(रोती हुई)* बस बेटी, इतना न रो। धीरज धर।

**कई आवाज़ें :** आवाजे बेटा, आवजे...

*[सिसकियों के बीच गाड़ी का दरवाज़ा बंद होता है और गाड़ी चलती है।*

*विवाह के गीत सुनाई देते हैं। धीरे-धीरे स्वर धीमा हो जाता है।]*

**अशोक :** *(धीरे से)* आओ कमला।

**कमला :** जी।

**अशोक :** नया घर, नया वातावरण और मैं—सब कुछ अजीब लग रहा होगा तुम्हें।

**कमला :** नहीं, ऐसी कोई बात नहीं है।

**अशोक :** मेरी छोटी बहन मीना से मिलीं?

**कमला :** जी हाँ, बहुत प्यारी है।

**अशोक :** और महेन्द्र?

**कमला :** वह कौन?

**अशोक :** जब हम लोग तुम्हें देखने आए थे तब वही तो था मेरे साथ!

**कमला :** हाँ, हाँ, याद आया।

**अशोक :** वह मेरा जिगरी दोस्त है। बचपन से हम साथ ही खेले, साथ पढ़े, अब काम भी एक ही साथ कर रहे हैं।

**कमला :** उनका विवाह हुआ है?

**अशोक :** नहीं, अभी नहीं हुआ है। इसके पिताजी की मृत्यु के बाद वह माँ की ऐसी सेवा करता है कि तुम उसे देखकर ख़ुश हो जाओगी।

**कमला :** इसीलिए विवाह नहीं किया?

**अशोक :** हाँ! कहता है, 'विवाह करूँगा तो पत्नी के लिए भी समय निकालना पड़ेगा और वह तो अपने पास है ही नहीं!'

*[दोनों हँसते हैं।]*

**कमला :** आपके दोस्त मज़ाक़ भी काफ़ी करते हैं।

**अशोक :** इस घर की रौनक़ तो महेन्द्र ही बनाए रखता है। माँ और बापू भी उसे बहुत स्नेह करते हैं। तुम भी उसके साथ बहुत जल्दी घुल-मिल जाओगी। वह है ही ऐसा।

और तुम देखना, घर के सभी लोग तुम्हें बहुत स्नेह करेंगे। यहाँ तुम्हें बिलकुल पराया नहीं लगेगा।

**कमला :** जी हाँ, आप सब मेरा कितना ख़याल करते हैं!

**अशोक :** *(उदास आवाज़ से)* तुम्हारा यहाँ जी लग जाए तो बस...*(दीर्घ निःश्वास)* मुझे और कुछ नहीं चाहिए।

**कमला :** आप इतने उदास क्यों हो गए?

**अशोक :** कमला, कैसे बताऊँ तुम्हें?

**कमला :** क्या?

**अशोक :** कमला, देखो...मैं...मैं तो विवाह करना ही नहीं चाहता था।

**कमला :** *(चौंककर)* यह आप क्या कह रहे हैं?

**अशोक :** हाँ, कमला।

**कमला :** हे ईश्वर! यह मैं क्या सुन रही हूँ?

**अशोक :** मुझे माफ़ कर दो कमला! मुझसे बहुत बड़ी...बहुत बड़ी ग़लती हो गई है। मैंने अपराध किया है। *(खाँसता है)*

**कमला :** क्या किया है आपने? मुझसे विवाह ही तो किया है! और वह भी अग्नि को साक्षी रखकर, ईश्वर को साक्षी रखकर।

**अशोक :** *(गम्भीरता से)* यह विवाह नहीं होना चाहिए था।

**कमला :** क्यों? मुझे तो कुछ भी समझ में नहीं आ रहा!

**अशोक :** सुनो कमला, मैं नहीं चाहता था कि कली खिलने से पहले ही मुर्झा जाए।

**कमला :** किसकी बात कर रहे हो? कौन है वह कली?

**अशोक :** तुम्हारी। कमला, तुम्हारी ही बात कर रहा हूँ। तुम्हीं हो वह कली।

**कमला :** *(घबराकर)* यह सब आप क्या कह रहे हैं? क्यों ऐसी बातें कर रहे हैं?

**अशोक :** सुनो कमला, दिल को पत्थर बनाकर सुनो। आज तुम्हारी सुहागरात है।

**कमला :** *(हँसकर)* मेरी अकेली की थोड़े ही? आपकी भी तो!

**अशोक :** *(उदास होकर)* मेरी? *(दीर्घ निःश्वास)* हाँ, मेरी भी, लेकिन मेरे लिए यह अग्निप्रवेश है।

**कमला :** नहीं, नहीं, ऐसा मत कहिए! मैं तो आपके लिए फूलों की सेज बिछाना चाहती हूँ।

**अशोक :** लेकिन कमला...उफ़ ओ! *(अपने-आप पर चिढ़ते हुए)* मैं क्यों इतना कमज़ोर हो गया? तुम्हारी ज़िन्दगी बिगाड़ने से पहले मुझे हिम्मत बटोरनी चाहिए थी। *(अपना माथा कूटता है)*

**कमला :** *(रो पड़ती है)* क्यों इस तरह अपने-आपको मार रहे हैं आप? मुझे डर लग रहा है। मत कीजिए...ऐसा मत कीजिए...मैं...मैं आपके हाथ जोड़ती हूँ! *(रोती है)*

**अशोक :** मुझे माफ़ कर दो कमला! चुप हो जाओ! प्लीज़! कमला...

**कमला :** *(सिसकियों के साथ)* क्या बिगाड़ा है मैंने आपका?

**अशोक :** कमला, मेरी अच्छी कमला, मुझे अपने-आपसे नफ़रत हो रही है। मैं तुम्हारा गुनहगार हूँ। पापी हूँ। *(खाँसता है)*

**कमला :** *(दुख से)* लेकिन क्यों? क्यों? मुझे सब कुछ...सब कुछ खुलकर बताइए।

**अशोक :** *(प्यार से)* हाँ, कमला, लेकिन पहले चुप हो जाओ। *(दीर्घ निःश्वास के साथ)* सुहागरात को जिस चेहरे पर सुबह के सूरज के रंग खिलने चाहिए, वहाँ मैं अमावस की कालिख पोतने जा रहा हूँ।

**कमला :** *(ज़ोर से रो पड़ती है)* नहीं...नहीं...

**अशोक :** कमला...प्लीज़, कमला! मेरी बात सुनो! धीरज धरो!

**कमला :** *(सिसकियाँ रोकती हुई)* बताइए, क्या कहना है?

**अशोक :** सुनो कमला, कुछ सालों से मुझे एक जानलेवा बीमारी ने जकड़ लिया है। घुन की तरह उसने मेरे जिस्म को भीतर से खोखला कर डाला है।

**कमला :** *(चौंककर)* क्या तुम सच कह रहे हो?

**अशोक :** हाँ, कमला, मैं सच कह रहा हूँ। आज का दिन मेरी ज़िन्दगी का सबसे महत्त्वपूर्ण दिन है। मैं झूठ नहीं बोलूँगा।

**कमला :** क्या बीमारी है आपको?

**अशोक :** मुझे...मुझे तपेदिक हुई है। बहुत इलाज करवाया लेकिन बीमारी काबू में नहीं आ रही।

**कमला :** हे ईश्वर!

**अशोक :** मैंने माँ और बापू से बार-बार कहा था कि मैं विवाह नहीं करूँगा। मेरी ज़िन्दगी तो बर्बाद हो ही गई है, दूसरे की ज़िन्दगी बर्बाद करने का मुझे क्या हक है? तुमसे विवाह करके मैंने बहुत बड़ा अपराध किया है कमला!

**कमला :** *(दीर्घ निःश्वास के साथ)* अब तो बहुत देर हो चुकी है।

**अशोक :** मैं जानता हूँ कमला! मुझे और सख़्ती से काम लेना चाहिए था। लेकिन माँ और बापू के सामने मैं कुछ कह नहीं पाता। वे सोचते हैं कि विवाह से मेरे वीरान जीवन में कुछ ख़ुशियाँ लौट आएँगी। वे यह नहीं सोचते कि जिस लड़की से मेरा ब्याह होगा, उस पर क्या बीतेगी। उसकी ख़ुशियों के बलिदान से क्या मुझे कभी ख़ुशी मिल सकती है? *(खाँसता है)* लेकिन माँ-बाप के लिए तो अपना बच्चा ही सब कुछ होता है। बाक़ी की दुनिया चाहे भाड़ में जाए।

**कमला :** *(गम्भीर आवाज़ से)* मेरी तक़दीर में यही था। इसको कौन बदल सकता है? इसका दोष आप अपने सिर पर न लें।

**अशोक :** नहीं, नहीं, मेरा गुनाह इस जन्म में तो क्या, अगले जन्म में भी माफ़ नहीं हो सकता। *(अपने माथे पर मारता हुआ)* छी:-छी:-छी:, यह मैंने क्या किया?

**कमला :** *(उसे रोकती हुई)* ऐसा मत बोलिए। भगवान के लिए ऐसा मत बोलिए। जो हो गया सो हो गया।

**अशोक :** भगवान के लिए? कौन-सा भगवान? कहाँ है वह? जन्नत में? वहीं बैठ वह तुम पर और मुझ पर ऐसा घोर अत्याचार कर रहा है? नहीं, नहीं, मेरे लिए कोई भगवान नहीं है। कोई नहीं है...

**कमला :** आप शान्त हो जाइए। प्लीज़! मेरे लिए शान्त हो जाइए।

**अशोक :** हाँ, कमला, तुम्हारे लिए मैं सब कुछ करने को तैयार हूँ। तुम्हारे ओठों पर अगर मैं थोड़ी-सी मुस्कान भी ला सकूँ तो उसे अपना सौभाग्य मानूँगा। *(खाँसता है)*

**कमला :** *(क़रीब आकर प्यार से)* देखिए...

**अशोक :** नहीं, नहीं, कमला! मेरे इतने क़रीब बैठना तुम्हारे लिए ठीक नहीं है। तुम तो पढ़ी-लिखी हो। तुम जानती हो, ऐसा करने से यह बीमारी तुम्हें भी लग सकती है।

**कमला :** *(पास ही बैठी रहती है)* अब आप और मैं अलग नहीं हैं।

**अशोक :** नहीं, कमला, पागल मत बनो। यह बीमारी मेरी वजह से अगर तुम्हें लग गई तो मैं और सह नहीं पाऊँगा...मैं... ख़ुदकुशी कर लूँगा।

**कमला :** *(उसका मुँह बन्द करती हुई)* ऐसा मत कहिए, प्लीज़!

**अशोक :** कमला, इस बीमारी का भयानक स्वरूप तुम नहीं जानतीं। मेरे शरीर में वह ज़हर की तरह फैल गई है। इस जन्म में उससे मुक्ति पाना असम्भव है।

**कमला :** जो भी हो। मैं तो सिर्फ़ इतना जानती हूँ कि इस जन्म में मैं आपकी पत्नी हूँ। शायद पिछले जन्म में भी थी।

तभी तो इस जन्म में, आपकी इच्छा के विरुद्ध आपके पास खींची चली आई हूँ।

**अशोक :** कमला, तुम कितनी अच्छी हो! कितनी समझदार हो! *(खाँसी)* तुम्हें एक अच्छा, स्वस्थ पति मिलना चाहिए था।

**कमला :** *(भावुक होकर)* तुम भी कितने अच्छे हो अशोक!

**अशोक :** *(ख़ुशी से)* आ-हा, तुमने मुझे 'तुम' कहा! अभी तक तो आप-आप कह रही थीं!

**कमला :** अचानक मुझे महसूस हुआ कि हमारे बीच अब कोई अन्तर नहीं है।

**अशोक :** तुम ठीक कहती हो कमला। हमारे मन एक-दूसरे से मिल गए हैं। नहीं तो मेरी बीमारी की बात सुनकर तुम चीख़ने-चिल्लाने लगतीं। मुझे धोखेबाज़, दगाबाज़ और भी न जाने क्या-क्या कहतीं।

**कमला :** अब ऐसी बातें मत करो अशोक, प्लीज़!

**अशोक :** लेकिन कमला, तुमसे एक वचन चाहता हूँ। दोगी?

**कमला :** मैं जानती हूँ।

**अशोक :** क्या? बताओ।

**कमला :** कि मन तो एक हो गए हैं लेकिन शरीर को दूर रखना है। यही न?

**अशोक :** बिलकुल ठीक कमला। तुम जैसी पत्नी मेरे भाग्य में हो सकती है, यह तो मैं सपने में भी नहीं सोच सकता।

**कमला :** सपनों और वास्तविकता में यही तो अन्तर है, अशोक।

*[घड़ी में बारह बजने की आवाज़]*

**अशोक :** रात के बारह बज गए?

**कमला :** समय का तो पता ही नहीं चला!

**अशोक :** अब सो जाओ कमला। तुम काफ़ी थक गई होगी।

**कमला :** तुम भी सो जाओ अशोक। बिलकुल शान्त-स्वस्थ मन से सो जाओ।

**अशोक :** कई दिनों के बाद...लगता है, जैसे सदियों के बाद आज मुझे अच्छी नींद आएगी।

**कमला :** बत्ती बुझा दूँ?

**अशोक :** हाँ, बुझा दो। मन में जो उजाला हो गया है!

*[धीमी हँसी]*

*[बत्ती बुझाने की 'खट्' की आवाज़]*

## दृश्य-3

*[सुबह के पक्षियों की चहचहाहट]*

**मीना :** माँ! भैया और भाभी तो अभी तक सो रहे हैं।

**सरोज :** सोने दे। न जाने कितने महीनों के बाद अशोक चैन की नींद ले रहा है!

**अशोक के पिता :** सरोज, कमला के बारे में तुम्हारा क्या ख़याल है?

**मीना :** बापू, मुझे तो भाभी बहुत अच्छी लगती है। कितनी सुन्दर है? *(हँसकर)*

**सरोज :** सुन्दर तो है ही। वैसे भी बहुत सुशील लड़की है।

**अशोक के पिता :** *(गम्भीर आवाज़ में)* अब समस्या यह है कि...अरे मीना, जाओ, मेरे लिए चाय बना लाओ।

**मीना :** अभी बना लाती हूँ।

**अशोक के पिता :** हाँ, तो सरोज, मैं कह रहा था कि पिछली बार जब हम अशोक को दिल्ली के बड़े अस्पताल में दिखाने ले गए थे तब डॉक्टर ने कहा था कि एक महीने के बाद फिर से दिखा जाना।

**सरोज :** *(चिन्ता से)* एक महीना तो हो भी गया, अब क्या होगा?

**अशोक के पिता :** इसमें देर नहीं करनी चाहिए। इसमें अशोक की जान का ख़तरा है।

**सरोज :** कमला को पता चल गया तो?

**अशोक के पिता :** अब किसी न किसी दिन पता तो हो ही जाएगा। तुम ही आज उससे बात करना।

**सरोज :** नहीं, नहीं, यह काम मुझसे नहीं होगा। उस बेचारी पर बिजली टूट पड़ेगी।

**अशोक के पिता :** लेकिन अशोक पर इस विवाह का कितना अच्छा असर हुआ है, यह तो तुमने देखा न?

**सरोज :** हाँ, बहुत ख़ुश नज़र आ रहा है।

**अशोक के पिता :** और देखो, अभी आठ बजने को आए हैं, लेकिन उस कमरे से कोई हलचल सुनाई नहीं देती।

**सरोज :** हर रोज़ तो वह रात भर खाँसता रहता है, बेचारा करवटें बदलता रहता है।

**अशोक के पिता :** तभी तो अशोक के मना करने पर भी मैंने उसे विवाह करने पर मजबूर किया। मैं जानता था, उसके स्वास्थ्य पर इसका अच्छा असर होगा।

**सरोज :** फिर भी मुझे तो डर लगता है।

**मीना :** यह लीजिए चाय। गरमागरम। फ़र्स्ट क्लास!

**अशोक के पिता :** वाह, बहुत जल्दी बना ली!

**सरोज :** मेरे लिए नहीं बनाई?

**मीना :** लो, तुमने कहाँ माँगी थी? तुम्हें भी चाहिए क्या?

**सरोज :** चल, रहने दे।

**मीना :** अभी हो जाएगी। दो मिनट में। *(जाती है)*

**अशोक के पिता :** देखो सरोज, अशोक को अस्पताल ले जाना बहुत ज़रूरी है। इसलिए कमला को कुछ तो कहना ही पड़ेगा।

**सरोज :** नहीं, ये मुझसे नहीं होगा। *(थोड़ा सोचकर)* ऐसा क्यों नहीं करते? महेन्द्र से कहिए। वह कोई रास्ता निकालेगा।

**अशोक के पिता :** हाँ, हाँ, तुम्हारा विचार बिलकुल ठीक है। महेन्द्र को ही कहेंगे। वही अपने ढंग से कमला से बात करेगा।

*[दरवाज़े पर घंटी बजती है।]*

**अशोक के पिता :** मीना, दरवाज़ा खोलना तो!

**मीना :** जी हाँ, अभी खोलती हूँ।

*[भागकर दरवाज़ा खोलती है।]*

**मीना :** *(ज़ोर से)* अरे, महेन्द्र भैया? आज इतनी सुबह कैसे आ गए?

**महेन्द्र :** *(चिन्ता से)* अशोक कहाँ है? सब कुछ ठीक तो है?

**अशोक के पिता :** आओ, आओ महेन्द्र! अभी हम तुम्हारी ही बात कर रहे थे।

**सरोज :** *(हँसकर)* पूरे सौ साल जीओगे तुम!

**महेन्द्र :** *(हँसकर)* यह आशीर्वाद हुआ या श्राप?

**सरोज :** क्या मतलब?

**महेन्द्र :** इस दुनिया में लोग सौ-सौ साल जीने लगे तो खड़े रहने की भी जगह नहीं मिलेगी।

**अशोक के पिता :** ख़ैर, अभी तो बैठ जाओ।

**मीना :** चाय पीओगे? मैं माँ के लिए बना ही रही हूँ।

**महेन्द्र :** ठीक है, एक प्याला मेरे लिए भी।

**मीना :** यह हुई न बात! अभी ले आती हूँ।

**महेन्द्र :** *(गम्भीर होकर)* अशोक ठीक है? रात को कोई परेशानी तो नहीं हुई?

**अशोक के पिता :** आज तो रातभर अशोक की एक खाँसी भी सुनाई नहीं दी।

**सरोज :** मुझे तो लगता है, बेटे, कमला बड़ी भागवान है। उसके साथ अशोक का भी भाग्य बदल जाएगा।

**अशोक के पिता :** अब देखो महेन्द्र, बात यह है कि अशोक को चेक-अप के लिए दिल्ली के अस्पताल में ले जाना बहुत ज़रूरी है। अगर आज जा सकता है तो उसे कल पर नहीं टालना चाहिए।

**सरोज :** अब यह बात कमला से छिपाना तो ठीक नहीं है। लेकिन उसे बताएँ भी तो कैसे? मेरा तो जी घबरा रहा है।

**महेन्द्र :** *(सोचता हुआ)* हँ...मामला बड़ा नाज़ुक है।

**सरोज :** तुमने जब घंटी बजाई, तब मैं इनसे यही बात कह रही थी कि महेन्द्र ही बात छेड़ सकता है।

**महेन्द्र :** *(चौंककर)* मैं...मैं? मैं उस बेचारी पर विवाह के दूसरे ही दिन आफ़त का पहाड़ गिराऊँ? नहीं, नहीं, ऐसा कैसे हो सकता है?

**अशोक के पिता :** *(चिन्ता से)* लेकिन महेन्द्र, अशोक का दिल्ली जाना बहुत ज़रूरी है।

**महेन्द्र :** हाँ, वह तो ठीक है लेकिन...दो-चार दिन रुक जाएँ तो? तब तक भाभी यहाँ थोड़ी-सी घुलमिल जाएगी।

**अशोक के पिता :** *(गम्भीरता से)* नहीं, महेन्द्र, इस काम में देर करना ख़तरे से ख़ाली नहीं है।

**महेन्द्र :** ठीक है। देखता हूँ। आज किसी समय मौक़ा देखकर थोड़ी-सी बात करने की कोशिश करता हूँ।

**मीना :** ये लीजिए, दो कप, गरमागरम...

**महेन्द्र :** *(हँसकर)* फ़र्स्टक्लास चाय!

*[सब हँसते हैं।]*

**मीना :** जी हाँ, गरमागरम फ़र्स्टक्लास चाय!

**सरोज :** आज तो मीना की ड्यूटी रसोई में ही लग गई है।

**मीना :** जी नहीं। सिर्फ़ चाय की ड्यूटी, क्योंकि यह मेरा स्पेश्यलाइज़ेशन है!

**महेन्द्र :** हाँ-हाँ, जैसे बी.ए. ऑनर्स होता है न, ऐसे मीना का है चाय ऑनर्स!

*[सब हँसते हैं।]*

*[अशोक और कमला का प्रवेश]*

**अशोक :** *(हँसकर)* वाह, आज तो सुबह-सुबह यहाँ मेला लग गया है! क्या बात है?

**महेन्द्र :** *(हँसकर)* तुम्हारी सुबह तो अब हो रही है। हमारी तीन घंटे पहले हो चुकी है, समझे?

**सरोज :** आओ-आओ, कमला, यहाँ बैठो।

**मीना :** भैया-भाभी, चाय पियोगे?

**महेन्द्र :** जी हाँ, गरमगरम, फ़र्स्टक्लास?

*[सभी हँसते हैं।]*

**कमला :** *(धीरे से)* मैं बना लाती हूँ।

**मीना :** नहीं, भाभी, आज तो आप मेरे ही हाथ की चाय पिएँगी।

**अशोक :** और एक बार पी ली तो हर रोज़ पीना चाहोगी।

**महेन्द्र :** बिलकुल ठीक। जाओ मीना, दो कप और हो जाए।

**अशोक के पिता :** तब तो बेटा, मेरे लिए भी और एक कप!

**मीना :** ठीक है। अभी ले आती हूँ। *(जाती है)*

**महेन्द्र :** अशोक, लगता है, रात को बहुत अच्छी नींद आ गई तुम्हें।

**अशोक :** हाँ, यार, *(हल्की खाँसी)*, मुझे भी ऐसा लगा मानो सदियों के बाद चैन से सो पाया हूँ!

**महेन्द्र :** *(हँसकर)* अब इसका रहस्य हम नहीं पूछेंगे।

**अशोक :** *(गम्भीर होकर)* लेकिन मैं बताना चाहता हूँ।

**अशोक के पिता :** क्या?

**अशोक :** यही कि कल रात को मैंने अपने दिल से पहाड़ जैसा बोझ हटा दिया।

**सरोज :** क्या मतलब?

**अशोक :** यानी मैंने कमला को *(खाँसता है)* अपनी बीमारी के बारे में सब कुछ बता दिया।

**तीनों :** क्या? तुमने...?

**सरोज :** *(कमला को गले लगाते हुए)* कमला बेटी, हम सब तुम्हारे साथ हैं। तुम बिलकुल मत घबराना।

**महेन्द्र :** भाभी, हमने जो किया, इसके लिए हम सब तुमसे माफ़ी चाहते हैं। लेकिन हम लोगों को पूरा यक़ीन है कि तुम्हारे आने से अशोक ज़रूर अच्छा हो जाएगा।

**सरोज :** तुम कुछ नहीं बोलोगी कमला?

**अशोक :** *(खाँसता है)* कल रात हमने बहुत बातें कीं। कमला जैसी पत्नी तो पिछले जन्म के पुण्यों से ही मिल सकती है।

**कमला :** *(धीरे से)* मेरी केवल एक विनती है।

**सरोज :** बताओ कमला।

**कमला :** यही कि इनके इलाज में किसी तरह की कमी न हो।

**अशोक के पिता :** अरे कमला बिटिया, तुमने तो मेरे दिल की बात बताई। मैं तो आज ही अशोक को लेकर दिल्ली जाना चाहता हूँ।

**कमला :** दिल्ली क्यों?

**अशोक के पिता :** दिल्ली के बड़े अस्पताल में अशोक का इलाज चल रहा है।

**कमला :** तो फिर देर मत कीजिए, जल्दी जाइए।

**मीना :** ये लीजिए। सबके लिए गरमागरम...

**अशोक-महेन्द्र :** *(हँसकर)* फ़र्स्टक्लास चाय।

*[अशोक खाँसता है।]*

**अशोक के पिता :** सरोज, तुम तैयारी करो। अशोक और मैं आज दोपहर की गाड़ी से चले जाएँगे।

**सरोज :** ठीक है। तुम चाय पी लो कमला, फिर हम दोनों मिलकर अशोक का बैग तैयार कर लेंगे। तब तक मैं इनका सामान ठीक कर लूँ।

**कमला :** जी हाँ। मैं अभी आई।

**महेन्द्र :** देखिए भाभी, जब तक अशोक नहीं लौटता, मैं और मीना आपका मन बहलाते रहेंगे। क्यों मीना, ठीक कहा न मैंने?

**मीना :** बिलकुल ठीक। मैं तो भाभी की दुम की तरह उनके पीछे-पीछे घुमती रहूँगी।

*[सब हँसते हैं।]*

## दृश्य-4

*[ट्रेन की आवाज़]*

**अशोक :** पिताजी, हम दिल्ली आ तो गए हैं, लेकिन मुझे कुछ अजीब-सा लग रहा है।

**पिता :** ऐसा वहम मत रखो अपने मन में। सब ठीक हो जाएगा।

**अशोक :** अब मन से तो मैं काफ़ी स्वस्थ हूँ। कमला तो सचमुच देवी है।

**पिता :** तुम ठीक कहते हो बेटा! कमला बहुत समझदार लड़की है।

**अशोक :** फिर भी मुझे लगता है, हम उसके साथ अन्याय कर रहे हैं। हमें ऐसा नहीं करना चाहिए था।

**पिता :** इस बात को सोचने का एक और तरीक़ा भी है अशोक। कमला के आने से अगर तुम ठीक हो जाओ तो हम सबको नया जीवन मिलेगा।

**अशोक :** लेकिन ठीक उलटा हुआ तो?

**पिता :** नहीं, नहीं, ऐसी अशुभ बातें मुँह पर मत लाओ।

**अशोक :** यह शुभ-अशुभ की बात नहीं है। ऐसा हो भी सकता है।

**पिता :** नहीं, नहीं। डॉ. तलवार बहुत कुशल हैं। तुम ज़रूर ठीक हो जाओगे। यह देखो, डॉक्टर आ गए।

**डॉक्टर :** हेलो अशोक। भई, वेरी सॉरी। तुम्हारी शादी में आ न सका।

**अशोक :** मेरे जैसे सैकड़ों पेशंट आपको फ़ुर्सत कहाँ देते हैं?

**डॉक्टर :** *(हँसकर)* दैट्स राइट। वैसे एकाध दिन के लिए निकल सकता था, लेकिन उसी दिन सुबह एक सीरियस केस आ गया। वेल, हाउ इज़ कमला?

**पिता :** कमला बड़ी सुशील और समझदार लड़की है। उसी के कहने से तो हम आज यहाँ आ पाए हैं।

*[अशोक खाँसता है।]*

**डॉक्टर :** मुझे तो डर था कि शादी के बाद अशोक इतनी जल्दी आ नहीं पाएगा।

**पिता :** मुझे भी इसी बात की चिन्ता थी।

**डॉक्टर :** चलिए, भीतर चलिए।

*[सब अन्दर जाते हैं।]*

**डॉक्टर :** आओ अशोक, लेट जाओ यहाँ। हँ...ज़ोर से साँस लो।

*[अशोक बहुत खाँसने लगता है।]*

**पिता :** अरे, अरे, क्या हो गया?

**डॉक्टर :** आप शान्ति से बैठिए। एक्स-रे करना होगा। लगता है, बात कुछ गम्भीर है।

**पिता :** नहीं, नहीं, ऐसा कैसे हो सकता है?

*[अशोक फिर से खाँसता है और ज़ोर-ज़ोर से साँस लेता है।]*

**डॉक्टर :** अशोक को इसी वक़्त यहाँ भर्ती कर दीजिए। एक्स-रे भी हो जाएगा और उसे इमीजियेट ट्रीटमेंट देना होगा।

*[अशोक फिर से खाँसता है और ज़ोर-ज़ोर से साँस लेता है]*

## दृश्य-5

*[दरवाज़े पर घंटी बजती है]*

**सरोज :** मीना...*(भीतर से)* दरवाज़ा खोलो।

**मीना :** मैं खोलती हूँ।

*[दौड़कर दरवाज़ा खोलती है।]*

**सरोज :** कौन है मीना?

**महेन्द्र :** मैं हूँ मौसी, महेन्द्र।

**सरोज :** दिल्ली से कोई ख़बर आई बेटा?

**महेन्द्र :** *(गम्भीरता से)* कल रात मेरे घर पर फ़ोन आया था।

**मीना :** किसका? बापू का?

**महेन्द्र :** हाँ, बता रहे थे कि अशोक की हालत बहुत गम्भीर है।

**कमला :** और क्या कहा? मुझे बुलाया है?

**महेन्द्र :** नहीं। बस, इतनी ही बात हुई है।

**सरोज :** महेन्द्र, मैं दिल्ली जाऊँगी।

**मीना :** मैं भी भैया के पास जाऊँगी।

**महेन्द्र :** मैंने उनसे कहा था कि सुबह यहीं फ़ोन करके हमें ख़बर दें।

*[टेलीफ़ोन की घंटी बजती है।]*

**मीना-कमला-सरोज :** मैं देखती हूँ।

**महेन्द्र :** मैं देखता हूँ। *(टेलीफ़ोन उठाकर)* हलो...*(ज़ोर से)* हलो...कौन?

**अशोक के पिता :** कौन? महेन्द्र?

**महेन्द्र :** जी हाँ, महेन्द्र बोल रहा हूँ। अशोक कैसा है?

**अशोक के पिता :** अशोक...अशोक...अब हमारे बीच नहीं रहा।

**महेन्द्र :** *(घबराकर)* नहीं, नहीं, ऐसा नहीं हो सकता!

**अशोक के पिता :** मैं आज रात तक वहाँ पहुँच रहा हूँ। अन्तिम क्रिया वहीं होगी।

**महेन्द्र :** *(चिल्लाकर)* हलो...हलो...*(धीरे से)* फ़ोन रख दिया।

**सरोज :** *(घबराकर)* क्या हुआ बेटे?

**महेन्द्र :** कहा... कि...अशोक हमारे बीच नहीं रहा।

**सरोज :** ये क्या हो गया...!

*[सभी ख़ूब रोते हैं।]*

**सरोज :** कमला... मेरी बच्ची *(उसे गले लगाती है, रोती है, चूमती है)* तुम्हारे साथ ईश्वर ने कितना बड़ा अन्याय किया है!

**मीना :** भाभी...मेरी प्यारी भाभी! *(रोती है)*

**कमला :** *(सिसकियों के बीच)* अब ये काँच की चूड़ियाँ, ये बिन्दी...सब कुछ मिटा दो। सब कुछ तोड़ डालो...!

**सरोज :** हे ईश्वर! यह क्या हो गया?

**महेन्द्र** : *(कुछ स्वस्थ होकर, रुँधी हुई आवाज़ से)* मीना, भाभी के लिए पानी ले आओ।

**कमला** : मुझे कुछ नहीं चाहिए...कुछ नहीं...*(बेहोश हो जाती है)*

**महेन्द्र** : अरे, अरे, भाभी बेहोश हो गईं!

**मीना** : ये लो पानी।

**महेन्द्र** : ला, मुँह पर पानी छिड़कने से शायद...

**कमला** : *(थकी हुई आवाज़ में)* अ...ओह...यह...क्या हो गया?

**मीना** : आओ भाभी! *(रुककर)* भाभी, तुम कितनी अच्छी हो! कितनी समझदार हो! तुम्हारे साथ ऐसा क्यों हुआ?

**कमला** : *(दीर्घ निःश्वास से)* यह तो अपने-अपने करम की बात है बहना!

**मीना** : भाभी, बिना बिन्दी के यह माथा...*(रो पड़ती है)*

**कमला** : *(दुख से)* फेंक दो बिन्दी की इस डिबिया को।

**मीना** : नहीं, नहीं, भाभी, यह नहीं होगा मुझसे!

**महेन्द्र** : *(पुकारता है)* मीना...ओ मीना...

**मीना** : भाभी, महेन्द्र भैया बुला रहे हैं। *(चिल्लाकर)* अभी आई।

**कमला** : जाओ मीना। मेरी चिन्ता मत करो।

**मीना** : मेरी कसम भाभी, तुम रोना नहीं।

**कमला** : ये आँसू भी बहते-बहते अपने-आप थककर रुक जाएँगे। तुम जाओ। ये माथा भी सूना रह-रहकर भूल ही जाएगा कि उस पर कभी एक बिन्दिया भी थी।

**मीना** : प्लीज़, भाभी, ऐसा न बोलो...!

**महेन्द्र** : *(वहाँ आकर)* क्या बात है मीना?

**मीना** : मैं आ ही रही थी महेन भैया...

**महेन्द्र** : ओह, भाभी...*(दुख से)* यह सफ़ेद साड़ी, यह सूना माथा मुझसे नहीं देखा जाता।

**कमला** : आप मेरी चिन्ता मत कीजिए। मैं...मैं ठीक ही हूँ।

**महेन्द्र :** भाभी, तुम्हें सान्त्वना देने के लिए मेरे पास कोई शब्द नहीं है। मैं सिर्फ़ इतना कहना चाहता हूँ कि मैं अशोक के जितना क़रीब था, उतना ही क़रीब तुम भी मुझे समझो। अशोक और मैं कभी अलग नहीं थे।

**कमला :** मैं जानती हूँ। उस दिन रात को उन्होंने आपके बारे में मुझे बहुत कुछ बताया था।

**महेन्द्र :** और एक बात। मुझे 'आप' नहीं, 'तुम' कहो।

**कमला :** *(धीरे से)* जैसी आपकी मर्ज़ी।

**महेन्द्र :** अच्छा, मैं चलता हूँ।

*[जाता है।]*

**मीना :** भाभी, महेन भैया बहुत अच्छे हैं। तुम्हें भी वो अपने ही लगेंगे, जैसे हम सबको हमारे अपने लगते हैं।

**कमला :** हाँ, मीना, तुम्हारे भैया भी यही कहते थे।

## दृश्य-6

**मीना :** भाभी, भैया को गए तीन महीने हो गए, तुमने घर के बाहर क़दम ही नहीं रखा!

**कमला :** घर में काम भी तो रहता है। और फिर मुझे बाहर कहाँ जाना होता है? बाहर का सारा काम तो तुम्हीं लोग कर लेते हो।

**मीना :** लेकिन घर के बाहर और कोई दुनिया नहीं है क्या?

**कमला :** *(दीर्घ निःश्वास के साथ)* उस दुनिया से मेरा क्या वास्ता?

**मीना :** नहीं भाभी, ऐसा नहीं हो सकता। तुम्हें आज तो मेरे साथ चलना ही होगा।

**कमला :** कहाँ?

**मीना :** आज मेरे स्कूल में बहुत अच्छा नाटक है। इस नाटक में पता है, मैं क्या बनूँगी?

**कमला :** क्या?

**मीना :** *(रौब से)* झाँसी की रानी!

**कमला :** *(ख़ुशी से)* यानी नाटक की हीरोइन?

**मीना :** जी हाँ, यानी मुख्य अभिनेत्री। अब तो तुम देखने आओगी न?

**कमला :** *(गम्भीर होकर)* नहीं मीना। रहने दो इस बार। मेरा मन नहीं लगेगा।

**मीना :** ऐसा कब तक चलेगा भाभी? और फिर आज तो माँ और बापू भी आ रहे हैं। तुम अकेली घर में क्या करोगी?

**कमला :** कई दिनों से मैंने अलमारी ठीक नहीं की है। आज अगर फ़ुर्सत मिल गई तो वही ठीक कर लूँगी।

**मीना :** अलमारी ठीक करने में कितना टाइम लगता है? आओ, मैं करवा देती हूँ।

**कमला :** नहीं, नहीं, मैं कर लूँगी बाद में।

**मीना :** अरे आओ न अभी हो जाएगी।

*[उसे खींचकर ले जाती है।]*

**कमला :** अरे...अरे...क्या कर रही हो मीना! कहा न मैं बाद में कर लूँगी।

*[अलमारी खोलती है।]*

**मीना :** उफ़ ओ भाभी, तुमने तो वाकई इसे अलीबाबा और चालीस चोर वाला खज़ाना बनाकर रखा है। लगता है, जैसे सालों से इसे खोला ही नहीं।

**कमला :** इसीलिए तो कह रही थी। जा, अपना काम कर।

**मीना :** अरे भाभी, यह वही डिबिया है न जिसमें तुम अपने मायके से तरह-तरह की बिन्दियाँ लाई थीं?

**कमला :** *(दीर्घ निःश्वास से)* हाँ, मीना।

**मीना :** कितने सुन्दर रंग हैं! यह सुनहरी बिन्दी मैं आज स्कूल ले जाऊँ?

**कमला :** ज़रूर ले जाओ।

**मीना :** और आम के आकार की यह लाल बिन्दी तो बहुत ही सुन्दर है।

**कमला :** *(गम्भीर आवाज़ से)* हँ।

**मीना :** भाभी, जिस दिन तुम्हारा विवाह हुआ था, तुमने यही बिन्दी लगाई थी न?

**कमला :** *(दीर्घ निःश्वास के साथ)* हाँ, मीना।

**मीना :** देखूँ, कैसी लगती है? लगाऊँ?

**कमला :** हाँ, लगाओ।

**मीना :** अँ...हँ।

**कमला :** अरे, अरे, यह क्या कर रही हो? मेरे माथे पर...

**मीना :** अरे भाभी, तुम शीशे में देखो तो सही अपना चेहरा!

**कमला :** मैंने तुम्हें तुम्हारे माथे पर लगाने को कहा था, यह क्या किया तुमने?

**सरोज :** *(दूर से आवाज़)* मीना...ओ मीना!

**मीना :** आ रही हूँ माँ।

**सरोज :** *(दूर से ही)* हम कब से तैयार बैठे हैं। स्कूल नहीं चलना क्या?

**मीना :** अरे, चार बज गए? बाप रे! भाभी, हम लोग जा रहे हैं। तुम अब सजाओ अपनी अलमारी।

**सरोज :** *(दूर से)* कमला, दरवाज़ा बन्द कर लो। हम लोग नौ बजे तक आ जाएँगे।

**कमला :** *(चिल्लाकर)* अच्छा माँ।

*[सबके जाने की आवाज़]*

**कमला :** *(अपने-आपसे भावुक होकर)* मीना कहती है, यह आम के आकार की बिन्दी मेरे माथे पर सुन्दर लग रही है। उस रात को उन्होंने भी तो यही कहा था! हँ...सचमुच अच्छी लग रही है!

**महेन्द्र :** भाभी!

**कमला :** *(चौंककर)* ओह...तुम...कैसे आ गए?

**महेन्द्र :** दरवाज़ा तो खुला ही था। अरे, यह बिन्दी कितनी सुन्दर लग रही है तुम्हारे माथे पर!

**कमला :** *(घबराकर)* हाय राम! यह है न...वह...मीना...मीना ने ज़बर्दस्ती लगा दी मेरे माथे पर। अभी निकाल देती हूँ।

**महेन्द्र :** ना...ना...ना...रहने दो। *(भावुक होकर)* लगता है, क्षितिज पर जैसे सूरज निकल आया हो!

**कमला :** अरे, मेरा हाथ तो छोड़ो!

**महेन्द्र :** *(भावुक होकर)* कमला...

**कमला :** *(भावुकता से)* जी...

**महेन्द्र :** अब यह बिन्दी तुम्हारे माथे से कभी नहीं हटेगी।

**कमला :** नहीं, नहीं, ये कैसे हो सकता है?

**महेन्द्र :** कमला, तुम्हें याद है, मैंने एक बार कहा था कि मुझसे अशोक को या अशोक को मुझसे अलग न समझो।

**कमला :** लेकिन...लेकिन फिर भी यह कोई...

**महेन्द्र :** आओ मेरे साथ। घर जाकर माँ से आशीर्वाद ले लें। आओ कमला!

**कमला :** नहीं, नहीं, ऐसा कैसे हो सकता है? माँ, बापू, समाज...

**महेन्द्र :** देखो कमला, तुम्हारी ज़िन्दगी तुम ख़ुद जीओगी— माँ, बापू और समाज नहीं।

**कमला :** लेकिन...अभी तीन महीने पहले ही तो विवाह हुआ था!

**महेन्द्र :** वह विवाह भी कोई विवाह था? और फिर अभी तुम्हारी उम्र ही क्या है? सारी ज़िन्दगी पड़ी है तुम्हारे सामने। उसे क्या सफ़ेद साड़ी पहनकर बिताना चाहती हो? नहीं, नहीं, कमला। ऐसा नहीं हो सकता। आओ, आओ मेरे साथ।

**कमला :** अरे, अरे, हाथ तो छोड़िए मेरा...

**महेन्द्र :** छुड़वाकर तो देखो!

*[दोनों हँसते हैं।]*

**कमला :** ओ...ह, महेन्द्र...!

# मरा हुआ

[डॉ. लोकनाथ भट्टाचार्य की बंगला कहानी
'एकटि कूकूरेर ख़ून' पर आधारित नाट्यरूपांतर]

## पात्र-परिचय

**पत्नी**
**अनिल**
**सुभाष**
**माँ**
**गुलाब**
**एक आदमी**
**महिला और एक सज्जन**

*[कलकत्ता की एक शाम। मूसलाधार बारिश। घर में बैठा हुआ अनिल। पास के कमरे से बालिका अपनी पढ़ाई रट रही है, उसकी आवाज़ आ रही है—'पन्द्रहवीं शताब्दी के उत्तरार्द्ध में राजधानी से तीस मील उत्तर में मुगल समाट द्वारा एक नगर की स्थापना।' फिर से—'मुगल सम्राट...' फिर से—'पन्द्रहवीं शताब्दी के उत्तरार्द्ध में...' (अब उसकी माँ की आवाज़, ज़ोर से, पास के कमरे से)—'धीरे से, इतनी चिल्ला क्यों रही हो?' उसी समय*

*जिस कमरे में अनिल बैठा है, वहाँ लड़की की माँ का प्रवेश।]*

**पत्नी :** क्या जा रहे हो या बैठे रहोगे?

**अनिल :** रिमझिम-रिमझिम शुरू हो गई तो सोचा कि बारिश अभी रुक जाएगी। मैं भी कुछ देर बैठ जाऊँ। पर देखो तो, बूँदाबाँदी और फिर मूसलाधार बारिश। बस, चलती ही रही है, रुकने का नाम नहीं।

**पत्नी :** तो फिर?

**अनिल :** बौ-बाज़ार से टालीगंज की दूरी कम नहीं है। और बारिश रुक भी गई, तो क्या इस वक़्त बस मिलेगी?

**पत्नी :** बस? *(हँसकर)* कल सुबह। उससे पहले नहीं। इस बारिश में कहीं रास्ते का नामोनिशां है? सब कुछ तो तैर रहा है। और तुम यहाँ छाता लेकर तैयार!

**अनिल :** सच, बेचारा! उसकी पार्टी बेकार गई।

**पत्नी :** क्या था? कहाँ जा रहे थे?

**अनिल :** एक मित्र का जन्मदिन था, लेखक का। आज शाम को ही। बहुत आग्रह के साथ बुलाया था। और भी कइयों को कहा था। लेकिन आज कौन पहुँच पाएगा?

**पत्नी :** तुम तो पहुँच ही नहीं सकते। तो अब सज-धज के क्या बैठे हो, कपड़े बदल डालो।

**अनिल :** हाँ, अब तो वही करना पड़ेगा।

*[उठता है। दरवाज़े पर दस्तक।]*

**अनिल :** *(नाराज़गी के साथ)* ऐसे मौसम में कौन आया होगा?

*[पत्नी का प्रस्थान। अनिल दरवाज़ा खोलता है। सुभाष का प्रवेश।]*

**सुभाष :** माफ़ कीजिए अनिल बाबू, आप मुझे नहीं जानते हैं। मेरा नाम सुभाष है। बड़ी मुश्किल में फँस गया हूँ। मेरे एक

आत्मीय व्यक्ति की आज मृत्यु हो गई है, परमात्मीय ही समझ लीजिए। इसीलिए आया हूँ।

**अनिल :** *(उलझा हुआ)* आइए, बैठिए। रेनकोट निकाल दीजिए।

**सुभाष :** नहीं, बैठूँगा नहीं। महिला दुख से मरी जा रही है—शोकाघात से।

**अनिल :** उनकी पत्नी?

**सुभाष :** जी हाँ, इसीलिए सोचा कि आप अगर साथ चलें और उसे थोड़ी-सी सान्त्वना दे दें...

**अनिल :** सान्त्वना? मैं?

**सुभाष :** आपकी दो-तीन रचनाएँ पढ़ी हैं। बहुत अच्छी लगीं। ख़ास करके एक छोटी-सी कहानी तो मन पर अमिट असर कर गई है।

एक बालपुत्र की मृत्यु की घटना—शोकातुर माँ को पिता जो दो-तीन बातें कहते हैं, वह बड़ी अद्भुत लगीं। वे एक नदी की बात करते हैं, और भी क्या-क्या कहते हैं। इसीलिए सोचा कि आपको बुला लाऊँ। चलेंगे?

**अनिल :** लेकिन मुझे क्या करना होगा?

**सुभाष :** उस महिला को अगर ऐसी ही दो-चार बातें कह दें...

**अनिल :** *(कुछ समझ न आने के भाव से)* वह तो निरी कहानी है, सोच-साच के दिमाग़ से निकाली गई कहानी, मेरी कल्पना की वस्तु।

**सुभाष :** फिर भी उसके साथ आपके जीवन का प्रत्यक्ष सम्बन्ध तो होगा ही, नहीं तो क्या ऐसी बातें आप वैसे ही अनुभव कर लेते? लिख भी सकते?

**अनिल :** नहीं, नहीं, उसका जीवन से कोई सम्बन्ध नहीं है। बात मानिए। मेरा कभी भी कोई बेटा नहीं था, और भगवान की कृपा से, इस तरह कोई मरा भी नहीं है।

**सुभाष :** यह नहीं कहता...

**अनिल :** आप जो बोल रहे हैं या बोलना चाहते हैं, वह तो मैं समझ सकता हूँ। लेकिन देखिए, कहानी तो कहानी ही होती है।

**सुभाष :** ओह, तो आप नहीं जा सकते?

**अनिल :** *(रुककर)* अच्छा, चलिए, चलता हूँ आपके साथ। जो सम्भव होगा, करूँगा।

*[अनिल उठकर दूसरे कमरे में जाता है, जहाँ उसकी पत्नी बैठी है।]*

**अनिल :** ज़रा बाहर जा रहा हूँ। सुना तुमने?

**पत्नी :** अरे, कहाँ? ऐसी बारिश में?

**अनिल :** बारिश तो अब कुछ कम हो गई लगती है। *(हँसकर)* हाँ, इसीलिए तो तैयार होकर, छाता लेकर बैठा था।

**पत्नी :** यह सज्जन कौन हैं?

**अनिल :** बिलकुल ही अजनबी।

**पत्नी :** फिर जा क्यों रहे हो? बात क्या है?

**अनिल :** बड़ी विचित्र बात है। आकर बताऊँगा।

**पत्नी :** रहस्यमय?

**अनिल :** हाँ, वही। आज एक चुनौती आ गई है। जो कुछ लिखता हूँ, उसमें सत्य कितना है, आज शायद उसकी परीक्षा हो जाएगी। अच्छा, तो चलता हूँ। तुम दरवाज़ा बन्द कर लो।

*[दूसरे कमरे में प्रवेश]*

**अनिल :** चलिए सुभाष बाबू, चलें। कितनी दूर है?

**सुभाष :** ज़्यादा नहीं। रास्ते में लेकिन पानी बहुत है।

**अनिल :** बहुत?

**सुभाष :** अब कुछ कम हो रहा है। लेकिन चलते समय आपको धोती घुटनों तक ऊपर कर लेनी होगी।

**अनिल :** हाँ। इधर छाता भी खुला रखना होगा। एक हाथ में धोती और दूसरे में खुला छाता। चलिए।

*[दोनों बाहर निकलते हैं। सीढ़ी उतरकर रास्ते पर आते हैं। चलने लगते हैं। शहर की, रास्ते की कुछ आवाज़ें। अचानक सज्जन बस्ती का रास्ता लेते हैं। अनिल सोचता है, 'अरे, बस्ती की ओर? ऐसे सज्जन का परमात्मीय बस्ती में रहता है?' फिर सोचता है, 'कलकत्ता शहर में सब कुछ सम्भव है।' एक जगह पर पहुँचकर दोनों रुकते हैं। सामने घर, उसके भीतर से महिला के दबे हुए रुदन की आवाज़।]*

**सुभाष :** यही...यही घर है। आपको थोड़ा कष्ट दूँगा।

**अनिल :** घर में तो तिलमात्र जगह नहीं।

**सुभाष :** ज़्यादातर तो बस्ती के ही लड़के हैं। कोई बात नहीं। मैं आपको रास्ता बनाकर ले जाता हूँ, उस महिला के बिलकुल सामने। आइए।

**अनिल :** चलिए, कुछ दिख भी नहीं रहा। किसी के ऊपर न जा गिरूँ।

**सुभाष :** इस बीच बिजली चली गई है। लेकिन दीया तो होना चाहिए। जल ही रहा होगा।

**अनिल :** हाँ, शायद जल रहा है। चलिए, आगे चलें।

*[अब महिला के रोने की आवाज़ और भी स्पष्ट हो जाती है, 'हाय रे, ये क्या हो गया... मुझे छोड़कर कहाँ चले गए? अब मैं कहाँ जाऊँ...?' सुभाष अनिल को लेकर आगे जाते हैं, एकाध बार कहते हैं, 'ज़रा रास्ता दीजिए भाई, रास्ता।' दोनों सामने आ पहुँचते हैं। महिला अब भी उसी तरह रो रही है।]*

**सुभाष :** *(महिला को स्पर्श करते हुए)* उठो माँ, ऐसे धीरज मत खोइए।

*[एक क्षण के लिए निस्तब्धता। अनिल सोचता है 'माँ?' तो यह सुभाष उनका बेटा है क्या? लेकिन चेहरा बिलकुल नहीं मिलता—यह तो बिलकुल बस्ती की महिला हैं!]*

**सुभाष :** देखिए माँ, एक गुणवान व्यक्ति को ले आया हूँ। उनकी कुछ बातें सुनिए। शान्ति मिलेगी।

**महिला :** *(अनिल को एक क्षण के लिए देखती है, फिर मृत पति के सीने पर गिरती है)* हाय रे, ये क्या हो गया...कुछ न कहकर कहाँ चले गए? *(फिर और भी ज़ोर से)* नहीं, मैं उन्हें नहीं जाने दूँगी। देखती हूँ, किसकी हिम्मत है...।

*[सुभाष महिला को शान्त करने का प्रयत्न करते हैं। महिला के रोने की आवाज़ और भी तेज़ हो जाती है।]*

**अनिल :** *(सुभाष के कान में धीरे से)* ज़रा बाहर आएँगे?

**सुभाष :** *(धीरे से)* जी?

**अनिल :** एक-बात कहनी है।

*[दोनों बाहर निकलते हैं।]*

**अनिल :** देखिए, अभी तो सान्त्वना देने का कोई अर्थ नहीं है, और उनको इस तरह रोने की ज़रूरत भी है। मुझे लगता है, दो-तीन दिन गुज़र जाने दीजिए। वह थोड़ी शान्त हो जाएँगी। फिर दुबारा आएँगे।

**सुभाष :** *(निराशा के स्वर में)* ओह, तो आप जा रहे हैं?

**अनिल :** ठहर के क्या करूँगा? आपकी कुछ भी सहायता तो कर नहीं सकता। *(बाद में कुछ सोचकर)* आप यदि कहें तो

आपके साथ श्मशान चल सकता हूँ—यानी आपको उसकी ज़रूरत महसूस हो रही हो तो।

**सुभाष :** *(ख़ुश होकर)* श्मशान चलेंगे?

**अनिल :** जा सकता हूँ। लेकिन आप लोग कब चलेंगे?

**सुभाष :** बस, चल ही रहे हैं। आधे घंटे में तो निकल ही जाएँगे।

**अनिल :** शव तो घर के भीतर है। बाहर लाना, और सारा प्रबन्ध...

**सुभाष :** वह सब हो जाएगा। आप फिकर मत कीजिए। *(अचानक एक लड़के को बुलाकर)* अरे सुनो, कुछ फूल ख़रीद लाओ। जुई, गेंदा, मोगरा, जो भी मिले, जल्दी ले लाओ। *(जेब से पैसे निकालकर)* यह लो सौ रुपए। इसमें हो जाएगा।

**अनिल :** तो फिर मैं ज़रा घर हो आऊँ। नहीं तो घरवाले लोग चिन्तित हो जाएँगे।

**सुभाष :** जी हाँ, आप हो आइए। आपके आने तक हम इन्तज़ार करेंगे।

*[अनिल घर जाने के रास्ते पर जाता है। सोचता है, 'एक़दम से सौ रुपए निकाले! मनीबेग भी बड़ा सुन्दर था! ये लोग इसके क्या लगते होंगे? इतनी गरज क्यों? कहता है, मृत व्यक्ति उसका आत्मीय, परमात्मीय! इधर बस्तीवाली को माँ कहकर पुकारता है! अजीब बात है।' घर पहुँचकर दरवाज़ा खटखटाता है। पत्नी दरवाज़ा खोलती है।]*

**अनिल :** तुमने कुछ खाना तो बना लिया है न? जल्दी से कुछ खाने को दे दोगी?

**पत्नी :** अब क्या हो गया?

**अनिल :** अब श्मशान जाना है।

**पत्नी :** पर, क्यों?

**अनिल :** लौटकर बताऊँगा। हाँ, अगर लौटने तक मैं सारी बात समझ पाया तो। अजीब झंझट में फँस गया हूँ।

**पत्नी :** कितनी देर लगेगी?

**अनिल :** बहुत रात नहीं होगी। दस बजे तक लौट आने की कोशिश करूँगा।

**पत्नी :** तो बैठ जाओ। जो कुछ बनाया है, परोस देती हूँ।

**अनिल :** सोचता हूँ, कपड़े भी बदल डालूँ। श्मशान जा रहा हूँ। कोई पुरानी धोती दे दो। बाद में फेंक भी देनी पड़े तब भी कोई बात नहीं।

*[खाने के लिए बैठता है।]*

**अनिल :** बारिश रुक गई। रास्ते में पानी भी कम होने लगा है। इसका मतलब, कारपोरेशन के पम्प अब काम करने लगे हैं। चलो, कुछ तो हो रहा है!

**पत्नी :** लेकिन ज़्यादा देर मत करना। नींद से उठाकर दरवाज़ा खुलवाएँगे...खोलना पड़ेगा।

**अनिल :** नहीं, नहीं...अब चलूँ।

*[चल पड़ता है। ठीक समय पर बस्ती के उस घर के सामने आ जाता है।]*

**सुभाष :** *(राहत के भाव से)* वाह, अनिल बाबू, आप वाकई आ गए।

**अनिल :** आप सब तो तैयार हो गए हैं?

**सुभाष :** जी हाँ, देखिए, शव गली में ले आए हैं। अरथी पर लिटा दिया है। गले में फूलों की माला, सीने पर गुलदस्ता।

**अनिल :** कन्धा देने के लिए लोगों की कमी हो तो...

**सुभाष :** नहीं, नहीं, हम इतने सारे जो हैं। आप केवल साथ चल रहे हैं। इस यात्रा में आपको पाया, यही बड़े सौभाग्य की बात है। *(दूसरों को चिल्लाकर कहता है)* आ जाओ।

कौन-कौन कन्धा दे रहा है ? मैं तो हूँ। और तीन जने आ जाओ।

*[श्मशान-यात्रा का प्रारम्भ होता है। 'राम-नाम सत्य है' की आवाज़। शहर की अन्य आवाज़ें। एक शोभायात्रा नारेबाज़ी के साथ जा रही है, 'अंग्रेज़ों को रोका है, फासिस्ट भी रोकेंगे...अंग्रेज़ों को रोका है, फासिस्ट भी रोकेंगे।' इसी के साथ 'राम-नाम सत्य है' की आवाज़ भी चल रही है। धीरे-धीरे श्मशान। वहाँ पहुँचते ही अनिल जान-बूझकर थोड़ा अलग से खड़ा हो जाता है, भीड़ से अलग।]*

**सुभाष :** अरे अनिल बाबू, आप ही को ढूँढ़ रहा हूँ। आप यहाँ अकेले खड़े हैं ?

**अनिल :** आपका काम तो शुरू हो गया है।

**सुभाष :** नहीं, अब शुरू होगा। जगह मिलना बड़ा मुश्किल है। देखिए न, कितनी लाशें जल रही हैं ? यहाँ तो कई फ़ोटोग्राफ़र होते हैं, एक ने हमें पकड़ लिया है। सोचा, ठीक है, एक फ़ोटो खिंचवा ही लें। आएँगे ?

**अनिल :** फ़ोटो ?

**सुभाष :** हाँ, हाँ, सभी के साथ। हम सब मिलकर।

**अनिल :** *(असहाय भाव से)* चलिए।

**सुभाष :** *(जाते हुए)* सभी के साथ इस तरह फ़ोटो खिंचवाना मैं ख़ास पसन्द नहीं करता, लेकिन सोचा, उस महिला को शायद अच्छा लगेगा। वह उसे सँभालकर रखेगी।

*[अनिल फिर से सोच में पड़ गया, अब यह महिला हो गई। कुछ समय पहले माँ थी। और कहता है, उसे यह पसन्द नहीं। क्यों ? क्या वह दूसरे समाज का व्यक्ति है, इसलिए ?]*

**सुभाष :** आप यहीं बैठिए अनिल बाबू, बिलकुल बीचोबीच। पहली लाइन में। सभी के आगे। *(दूसरों को)* अरे सुनो, हम पाँच पहली लाइन में बैठते हैं...तुम, एक, दो, तीन, चार, पाँच, छह...तुम छह हमारे पीछे खड़े हो जाओ। *(फ़ोटोग्राफ़र को)* अब कैमरामैन, ज़रा फटाफट फ़ोटो खींच लो ब्रदर! *(अनिल को)* अनिल बाबू, मैं आपकी बगल में बैठता हूँ।

**अनिल :** मुझे तो बिलकुल मध्यमणि बना दिया। चलो, ठीक है। लगता है, जिनकी मृत्यु हुई है, उनका मैं ही परमात्मीय था।

**सुभाष :** एक तरह से वह ठीक ही है। देखिए न, आज ये सब कैसा संयोग हो गया?

*[फ़ोटो खींचने के बाद दूसरे लोग शव लेकर चले जाते हैं। अनिल पहले के स्थान पर आकर अकेला खड़ा रहता है। फिर देखा कि उनके दल का ही एक और सज्जन अनिल की ओर आ रहा है।]*

**सज्जन :** मैं आपको डिस्टर्ब तो नहीं कर रहा?

**अनिल :** नहीं, नहीं, आइए! क्या आप भी इसी समूह में आए हैं?

**सज्जन :** जी हाँ। मैं भी आपकी तरह कुछ अलग होकर रहा हूँ। वहाँ जाकर भीड़ बढ़ाने से क्या होगा?

**अनिल :** अच्छा, यह तो बताइए, इनकी उम्र क्या थी?

**सज्जन :** किसकी?

**अनिल :** जिनकी मृत्यु हुई है।

**सज्जन :** मैं कह नहीं सकता।

**अनिल :** उनको हुआ क्या था? कुछ बीमारी थी क्या?

**सज्जन :** कुछ भी नहीं जानता हूँ। वही सज्जन सब कुछ बता सकते हैं।

**अनिल :** कौन से सज्जन?

**सज्जन :** वही, जो आपके साथ बात कर रहे थे। जिन्होंने सोने के फ्रेम का चश्मा पहन रखा है।

**अनिल :** अच्छा, वह कौन हैं? उनका क्या नाम है?

**सज्जन :** *(कुछ क्षोभ से)* वह भी मैं नहीं जानता सर! हम एक ही मोहल्ले में रहते हैं। आते-जाते एक-दूसरे को देख लेते हैं। बस, इतना ही। आज वही मेरे घर बुलाने आए थे। उनके बुलाने से ही आया हूँ। वैसे कुछ कर भी नहीं रहा था, तो सोचा, चलो, हो आता हूँ। अच्छे काम में मैं भी हाथ जुटाऊँ।

**अनिल :** अजीब बात है। कुछ भी नहीं जान सकते।

**सज्जन :** *(बात को बदलते हुए)* अच्छा...एक बात पूछूँ? आपके दफ़्तर में एक नौकरी ख़ाली है न?

**अनिल :** *(अचानक सन्देह से)* हाँ, क्यों?

**सज्जन :** नहीं, नहीं, अख़बार में विज्ञापन देखा था।

**अनिल :** वह तो बहुत ही साधारण तनख़्वाह की नौकरी है। एक जनरल असिस्टेंट की पोस्ट है।

**सज्जन :** वाह, आज आपके साथ इस तरह मुलाक़ात हो गई, अच्छा ही हुआ। इतने दिनों तक मिल नहीं पाए थे, सो आज मिल गए। तो अब बात कह ही डालूँ।

**अनिल :** *(सन्देह से)* बताइए।

**सज्जन :** बात ऐसी है कि मेरा एक छोटा भाई है। बीकॉम पास करके घर पर बैठा है। शॉर्टहैंड भी सीख लिया है। आपके यहाँ कोई चांस मिल जाएगा सर?

**अनिल :** वह मैं कैसे बता सकता हूँ। इंटरव्यू में जो होगा, उसी पर सब कुछ निर्भर करता है। सिर्फ़ मेरे कहने से तो कुछ हो नहीं सकता। और लोग भी हैं।

**सज्जन :** लेकिन वह पोस्ट आप ही के अंडर में है न?

**अनिल :** हाँ, एक तरह से है भी।

**सज्जन :** तब तो कम-से-कम उसे इंटरव्यू में बुला लिया जाए, इतना तो आप कर ही पाएँगे। क्योंकि लड़का वैसे बहुत ब्रिलियंट है। मेरा भाई है इसलिए नहीं कह रहा।

**अनिल :** वह भी मेरे हाथ की बात नहीं है। ऐसी पोस्ट में तो ढेर सारी अर्ज़ियाँ आ जाती हैं। सभी को बुलाना तो सम्भव नहीं होता। *(थोड़ा-सा रुककर)* आपके भाई ने अर्ज़ी भेजी है क्या?

**सज्जन :** नहीं, अभी नहीं भेजी।

**अनिल :** तो भेजने को कह दीजिए। अभी लास्ट डेट निकल नहीं चुकी।

**सज्जन :** सोच रहा हूँ, कल सुबह अगर उसे एक बार आपके दफ़्तर में ले आऊँ तो कैसा रहेगा? अर्ज़ी भी हाथोंहाथ दे देगा। आप लड़के को भी एक बार देख लेंगे। नज़रो-नज़र।

**अनिल :** *(अनिच्छा के भाव से)* ठीक है।

**सज्जन :** *(बात फिर से बदलकर)* चलिए, लगता है, अब झमेला ख़त्म होने को है। मैंने तो नहीं सोचा था कि इतनी जल्दी ख़त्म होगा।

**अनिल :** शव के दाह की बात कर रहे हैं?

**सज्जन :** जी हाँ। मैंने सोचा था कि शव के लिए काफ़ी देर हो जाएगी। फिर इस बारिश में सब कुछ भीगा-भीगा सा है। शायद लकड़ी जलना ही न चाहे। पर देखिए तो, सब कितनी जल्दी हो गया! शव भी मानो पहले से लकड़ी की तरह ही हो गया था। देखिए, आग देते ही जलने लगा। *(थोड़ा-सा रुककर)* सिगरेट है?

**अनिल :** जी नहीं। मैं स्मोक नहीं करता।

**सज्जन :** तो चलता हूँ। एक पैकेट ख़रीद ही लूँ।

*[वह जाता है। उसी समय अनिल सुभाष को आता हुआ देखता है। उसके साथ और भी कुछ लोग हैं।]*

**सुभाष :** चलिए, अब लौट चलें।

**अनिल :** सब कुछ हो गया?

**सुभाष :** जी हाँ।

*[लौटते हैं। शहर की कुछ आवाज़ें। अनिल सोच रहा है। इतने में सुभाष अपने मोहल्ले में आ पहुँचता है।]*

**सुभाष :** बस, अब आ ही पहुँचे हैं।

**अनिल :** अरे, और सब कहाँ गए?

**सुभाष :** सभी ने अपने-अपने घर का रास्ता ले लिया। आप किसी सोच में डूबे हुए थे, इसीलिए आपने देखा नहीं। मेरा घर यहाँ से बहुत नज़दीक है। आइए, पहले आपको पहुँचा दूँ।

**अनिल :** क्या ज़रूरत है? मेरा घर भी नज़दीक ही है। इतना रास्ता तो अकेले ही चला जाऊँगा।

**सुभाष :** अरे, ऐसे कैसे हो सकता है? आपको आज ऐसी बारिश में बाहर ले आया, इतनी देर तक इतना कष्ट दिया, अब क्या थोड़ा-सा रास्ता आपके साथ नहीं जा सकता?

**अनिल :** *(अचानक हिम्मत बटोरकर)* सुभाष बाबू, एक प्रश्न पूछ सकता हूँ?

**सुभाष :** बताइए।

**अनिल :** वह मृत व्यक्ति आपका कौन लगता है? यानी लगता था?

**सुभाष :** क्यों?

**अनिल :** अब देखिए, वे वाकई आपके कुछ लगते हों तो आप प्रश्न को टालेंगे क्यों?

**सुभाष :** टाल तो नहीं रहा...

**अनिल :** आप टाल रहे हैं। मैं आपसे पूछता हूँ कि वे आपके कौन लगते हैं, आप उलटा मुझसे पूछते हैं—'क्यों?' यह टालना नहीं हुआ क्या? देखिए, मेरे पिताजी अगर मेरे पिता हैं तो मैं पिताजी कहकर उनका सीधा परिचय क्यों नहीं दूँगा?

**सुभाष :** आप सवाल पूछ सकते हैं। आपका अधिकार है। क्योंकि मैं ही आपको जान-बूझकर खींच लाया और काफ़ी परेशानी में डाल दिया।

**अनिल :** देखिए सुभाष बाबू, इसमें ग़ुस्से की कोई बात नहीं है। मुझे ग़लत मत समझिए। आज शाम को मुझे कहीं जाना था, लेकिन बारिश होने की वजह से मैं घर से निकल नहीं पाया। घर पर रहता तो कुछ काम कर पाता।

**सुभाष :** जी हाँ, थोड़ी-सी फ़ुरसत भी आपके लिए बड़ी महत्त्व की चीज़ है।

**अनिल :** पूजा के दिन निकट आ रहे हैं। कई पत्रिकाओं से कुछ रचनाएँ भेजने के लिए चिट्ठियाँ आ गई हैं। दो-चार को तो मैं वचन भी दे चुका हूँ। मालूम नहीं, कैसे कर पाऊँगा!

**सुभाष :** क्षमा कीजिए अनिल बाबू, मैं आपको अपने साथ घसीट ले गया। आपका काफ़ी वक़्त बर्बाद हो गया।

**अनिल :** ख़ैर! आप बिना किसी सूचना के आ पहुँचे। आपकी प्रार्थना भी बड़ी विचित्र थी। मैं मान गया। आपके साथ श्मशान को भी चला गया।

**सुभाष :** इसके लिए मैं आपका एहसानमंद हूँ।

**अनिल :** पर उससे क्या होता है? मेरे भीतर जो प्रश्नों का ढेर जमा हो गया है, उनमें से एक का भी उत्तर नहीं मिल पा रहा।

**सुभाष :** कौन से प्रश्न?

**अनिल :** यही कि मरा हुआ आदमी कौन था? किस वजह से उसकी मृत्यु हुई? उसकी उम्र क्या थी? ये सारे प्रश्न केवल पूछता ही रहा। एक का भी जवाब नहीं मिला। कोई किसी को नहीं पहचानता था। बड़े विचित्र अजनबियों की भीड़ थी। सभी शायद मेरी तरह ही थे। इनमें से किसी को भी शायद मैं कभी भी नहीं देखूँगा। परिचय तो दूर की बात। एक अर्थहीन, उलझी हुई संध्या, केवल स्मृति बनकर रह जाएगी।

**सुभाष :** आपकी बात ख़त्म हुई?

**अनिल :** आप नाराज़ तो नहीं हो रहे सुभाष बाबू?

**सुभाष :** नहीं, नहीं, नाराज़ क्यों?

**अनिल :** देखिए। बाक़ी सारे प्रश्न छोड़ दीजिए। उनकी कोई ज़रूरत नहीं है। लेकिन सबसे बड़ी समस्या तो आप ही को लेकर है। आप कह रहे हैं कि आपके आत्मीय व्यक्ति की मृत्यु हुई है। कहते हैं—'उसे परमात्मीय भी कह सकते हैं।' इधर उस महिला को कभी महिला कहते हैं तो कभी माँ कहकर पुकारते हैं। लेकिन, मैं सच कहता हूँ, इनके साथ आपका कोई मेल दिखाई नहीं देता। ये सब कौन हैं? और आपको इनकी गरज क्यों है?

**सुभाष :** आपके पास समय है?

**अनिल :** *(घड़ी देखकर)* ओह! घड़ी तो जान-बूझकर साथ नहीं लाया। श्मशान को जा रहा था, इसलिए।

**सुभाष :** बहुत देर नहीं हुई है। ज़्यादा से ज़्यादा सवा दस या साढ़े दस। क्या आप मेरे घर चलेंगे? आपको जल्दी ही मुक्त कर दूँगा। वचन देता हूँ।

*[अनिल दुविधा में पड़ जाता है।]*

**सुभाष :** नहीं, नहीं, आपको रात भर नहीं रुकना पड़ेगा। कल आपको भी काम पर जाना है और मुझे भी। आधे घंटे से ज़्यादा समय नहीं लूँगा। वचन देता हूँ। और मेरा घर तो बिलकुल चुपचाप है। सिवा मेरे कोई भी नहीं। इसलिए हम बिना किसी आपत्ति के बातचीत कर सकते हैं।

**अनिल :** तो चलिए।

**सुभाष :** *(आगे बढ़ते हुए)* आपके सभी प्रश्नों के उत्तर नहीं दे पाऊँगा। फिर भी आपके मूल प्रश्न का उत्तर तो ज़रूर दूँगा। और मैं सच कहता हूँ, मुझे आपकी ज़रूरत भी है। क्योंकि मेरे मन में भी अचानक कुछ भय, सन्देह, प्रश्न उठना शुरू हो गए हैं। आपकी सलाह लेना चाहता हूँ, देंगे?

**अनिल :** *(चिन्ता से)* चलिए तो सही। देखा जाएगा।

*[एक घर के सामने आकर सुभाष रुकता है।]*

**अनिल :** ओह, यही आपका घर है क्या? इस मोहल्ले का यह अच्छा मकान है।

**सुभाष :** *(पॉकेट से चाबी निकालकर, दरवाज़ा खोलकर)* आइए। *(अन्दर जाकर लाइट जलाकर)* बैठिए। देखिए अनिल बाबू, मैं तो अकेला हूँ। खाना पकाने के लिए एक लड़का रखा है। रात को खाना खिलाकर चला जाता है। आज तो उसको दोपहर के बाद ही छुट्टी दे दी है। आज मैं भी दफ़्तर नहीं गया। छुट्टी ले ली। अस्पताल आदि की काफ़ी भागदौड़ रही। ख़ैर, खाना पकानेवाले लड़के के अलावा एक पार्टटाइम सफाई वाला भी है। सिर्फ़ सुबह आता है। बस, और कोई नहीं।

**अनिल :** काफ़ी बड़ा मकान है। यानी अकेले व्यक्ति के लिए।

**सुभाष :** बड़ा तो सिर्फ़ दिखता है। ऊपर और नीचे के मिलाकर कुल कमरे तीन ही हैं। हाँ इस बैठक के कमरे को छोड़कर। हाँ, अकेले व्यक्ति के लिए तीन कमरे भी बहुत ज़्यादा हैं, मानता हूँ। जब तक माँ थी, तब इतना ख़ाली नहीं लगता था।

**अनिल :** और एक माँ?

**सुभाष :** नहीं, नहीं, ये तो मेरी अपनी माँ थी। उस बात पर ही आ रहा हूँ। ख़ैर, देखा न आपने, घर में और कोई नहीं है। आपका उचित आतिथ्य करने की क्षमता भी नहीं है। एक कप चाय भी नहीं बना सकता।

**अनिल :** यह क्या कह रहे हैं? मैं चाय पीने तो आया नहीं हूँ। फिर अभी ही जाना है।

**सुभाष :** अब आपके प्रश्न पर आता हूँ। वह मरा हुआ आदमी मेरा कुछ भी नहीं लगता।

**अनिल :** *(आश्चर्य से)* यह आप क्या कह रहे हैं?

**सुभाष :** ठीक ही कह रहा हूँ।

**अनिल :** और जिसे आपने माँ कहकर पुकारा था वह?

**सुभाष :** उस स्थिति में उसे माँ कहना स्वाभाविक था। माँ नहीं तो क्या कहता? मौसी? बुआ? या मिसिज़ फलाँ-फलाँ?

**अनिल :** तो फिर इस सारी घटना से आपका क्या सम्बन्ध है?

**सुभाष :** उसी बात पर तो आ रहा हूँ। आपको क्या बताऊँ, सारी घटना एक कुत्ते को लेकर है। या आप यूँ भी कह सकते हैं कि सारी घटना एक कुत्ते की मौत को लेकर है।

**अनिल :** किसका कुत्ता?

**सुभाष :** कुत्ता मेरा ही था। घर में पाला हुआ। ख़ास ऊँची ज़ात का नहीं था। असल में ऊँची ज़ात का था ही नहीं। मैं उसे रास्ते से उठा लाया था और उस कुत्ते का इस आदमी ने ख़ून किया था।

**अनिल :** ख़ून किया? किसने ख़ून किया?

**सुभाष :** यही, जो आज मर गया।

**अनिल :** बड़े अचरज की बात है!

**सुभाष :** आप शायद सोच रहे हैं कि एक रास्ते के कुत्ते को लेकर इतना बड़ा कांड कैसे हुआ? देखिए न, कुत्ता भी इन्सान की तरह अपना हो सकता है। और यह कुत्ता तो मेरे स्वजन के बराबर था। जब वह बहुत ही छोटा पिल्ला था तब मैं उसे ले आया था।

**अनिल :** आप रास्ते के कुत्ते को घर में ले आए? यह तो बड़े ख़तरे की बात है।

**सुभाष :** ख़तरा क्यों? मैंने उसे इंजेक्शन वग़ैरह दिलवा दिया। अच्छा खाना दिया। प्यार दिया। रास्ते के कुत्तों से उसका मिलना-जुलना बिलकुल ही बन्द कर दिया। उसका स्वभाव, चरित्र, व्यवहार सब कुछ ऊँची ज़ात के कुत्तों जैसा ही था। हमने उसका नाम रखा था—दुश्का। और मेरी माँ का तो वह बहुत ही निकट का साथी था। आपको एक क़िस्सा सुनाता हूँ, उसी से आप जान पाएँगे कि वह कुत्ता मेरी माँ की कितनी देखभाल करता था। मेरी

माँ आख़िरी दिनों में अंधी हो गई थी। एक दिन की बात है...

**फ़्लैशबैक**

**माँ :** गुला...ब...अरे ओ...गुलाब...कहाँ गया ? गुलाब, मेरी दवाई कहाँ रखी है ?

*[कुत्ते के हल्का-सा भौंकने की आवाज़।]*

**माँ :** अरे दुश्का, देख तो गुलाब कहाँ गया ? गुला...ब, ओ गुलाब...

*[कुत्ता भौंकता है और उसी के बाद कुछ घसीटने की आवाज़। सुभाष का प्रवेश। कुत्ता भौंकता हुआ चला जाता है।]*

**सुभाष :** अरे...अरे...कहाँ जा रही हो माँ ?

**माँ :** मेरी दवाई की शीशी मैंने तकिए के पास ही रखी थी। मिल नहीं रही। इसलिए गुलाब को बुला रही थी।

**सुभाष :** उफ़ ओ माँ! देखो तो, गुलाब ने इतना बड़ा कार्पेट मोड़कर दरवाज़े के पास ही रख दिया था। तुम उससे टकरा जातीं तो ? इस तरह अकेली कमरे से बाहर मत निकला करो। यह तो अच्छा हुआ कि दुश्का ठीक टाइम पर आ गया और उसने कार्पेट को दाँतों के बीच पकड़कर तुम्हारे रास्ते से हटा दिया।

**माँ :** अच्छा! दुश्का ने हटा दिया! सच सुभाष, दुश्का मेरी बहुत देखभाल करता है। तुम तो दिन भर बाहर रहते हो। गुलाब भी न जाने कहाँ होता है! ईश्वर करे, दुश्का जुग-जुग जिए!

**फ़्लैशबैक समाप्त**

**सुभाष :** मेरी माँ के जीवन में दुश्का का विशेष स्थान था अनिल बाबू।

**अनिल :** लेकिन वह आदमी... ?

**सुभाष :** उस बात पर ही आ रहा हूँ। आपका अधिक समय नहीं लूँगा।

**अनिल :** उस प्लंबर को आपने अपना आत्मीय कहकर परिचय दिया, यह बात मेरी समझ में नहीं आई।

**सुभाष :** आप यही सोचते होंगे कि मैंने आपको धोखा दिया। लेकिन यह बात एक तरह से सच नहीं भी है। मैंने हमेशा उसे अपना आत्मीय बनाने की कोशिश की थी। जी-जान लगाकर कोशिश की थी। उस प्लंबर को मैं घर में नल-वल ठीक करने के लिए प्रायः बुलाता रहता था। बाहर के आदमी को देखकर दुश्का हमेशा भौंकने लगता।

**अनिल :** हाँ, और मैले कपड़े पहने हुए आदमी को देखकर कुत्ते का सन्देह बढ़ जाता है। वह ज़ोर-ज़ोर से भौंकने लगता है।

**सुभाष :** जी हाँ, अनिल बाबू। आपने बिलकुल ठीक कहा। उस आदमी के घर में आते ही दुश्का गला फाड़-फाड़कर भौंकने लगता। उसके ऊपर चढ़ जाता। उसके दोनों पैरों के बीच में नाक डालकर सूँघने लगता। प्लंबर इस बात को सहज रूप से ले नहीं पाता था। बड़ा डरपोक आदमी था।

**अनिल :** लेकिन ऐसे डरपोक आदमी मौक़ा मिलते ही बड़ी ख़तरनाक हरकत कर सकते हैं।

**सुभाष :** जी हाँ, अनिल बाबू। आप तो लेखक हैं। मानव-चरित्र को ख़ूब अच्छी तरह जानते हैं। एक दिन ऐसा हुआ कि प्लंबर के हाथ में लोहे का पाइप था। जैसे ही दुश्का उसके शरीर पर चढ़ा, उस प्लंबर ने पाइप से उसे दूर हटा दिया। दुश्का बहुत चिढ़ गया। उस दिन अगर मैं घर पर न होता तो कुछ न कुछ हो जाता। बस, इसी घटना के बाद दुश्का और प्लंबर एक-दूसरे के मानो जानी दुश्मन बन गए।

**अनिल :** फिर? फिर क्या हुआ?

**सुभाष :** मैंने गुलाब से कह दिया कि प्लंबर घर में आए, उससे पहले हमेशा दुश्का को बाँध दिया जाए।

**अनिल :** हाँ, यह आपने अच्छा किया।

**सुभाष :** लेकिन एक दिन बहुत बुरा हुआ। मैं घर पर नहीं था। किसी मित्र से मिलने गया था। गुलाब ने बताया, उस दिन घर का दरवाज़ा खुला था और प्लंबर सीधा भीतर चला आया।

**फ़्लैशबैक**

*[कुत्ते के ज़ोर-ज़ोर से भौंकने की आवाज़। प्लंबर के चिल्लाने की आवाज़।]*

**माँ :** क्या हुआ? क्या हुआ? कौन है? कौन आया है? दुश्का...चुप हो जा, दुश्का। अरे...गुलाब...

*[प्लंबर कुत्ते को कहता है—हट्...हट्... भाग...छोड़ मुझे...छोड़...कुत्ता ज़ोर-ज़ोर से भौंकता है। प्लंबर हट्-हट् कहता हुआ दूर जाता है। रास्ते पर कुत्ते के चीख़ने-चिल्लाने की आवाज़। प्लंबर उसे लोहे के पाइप से पीटता है। कुछ लोगों का शोर— क्या हुआ? क्या हुआ? अरे भाई, छोड़ दे कुत्ते को। क्यों पीट रहा है? लेकिन प्लंबर पीटे जा रहा है। कुत्ता भौंकता-चिल्लाता धीरे-धीरे शान्त हो जाता है।]*

**माँ :** अरे गुलाब? कहाँ चला गया? गुलाब?

**गुलाब :** जी माँ।

**माँ :** अरे गुलाब, देख तो, क्या हो रहा है? दुश्का शायद किसी के पीछे भौंकता हुआ रास्ते पर चला गया है। जा, जल्दी जा। उसे पकड़कर ले आ।

**गुलाब :** दुश्का रास्ते पर चला गया? अभी जाता हूँ।

*[कुछ लोगों का शोर]*

**एक आदमी :** मर गया बेचारा।

**गुलाब :** क्या हुआ? कौन मर गया?

**एक आदमी :** कुत्ता। एक कुत्ता मर गया।

**गुलाब :** अरे यही तो हमारा दुश्का है! किसने मारा?

**एक आदमी :** पता नहीं, कौन था। एक आदमी उसे लोहे के पाइप से पीट रहा था। बहुत ही बुरी तरह पीट रहा था। मना करने पर भी नहीं रुका।

**गुलाब :** *(घबराया हुआ)* हाय राम! वह ज़रूर प्लंबर होगा। अब मैं सा'ब को क्या मुँह दिखाऊँगा? ओह...सा'ब आ रहे हैं।

*[सुभाष का प्रवेश]*

**सुभाष :** क्या बात है गुलाब? इतनी भीड़ क्यों लगी है अपने घर के पास?

**गुलाब :** *(घबराया हुआ)* सा'ब...सा'ब...मैं पीछे के बाग़ान में पौधों को पानी डाल रहा था। मुझे नहीं मालूम कि यह सब कैसे हो गया।

**सुभाष :** क्या हुआ?

**गुलाब :** सा'ब, दुश्का...दुश्का को...ये लोग कहते हैं कि कोई आदमी दुश्का को लोहे के पाइप से पीट रहा था।

**सुभाष :** लोहे के पाइप से? तब तो वह प्लंबर ही होगा। तुमने प्लंबर के आने से पहले दुश्का को बाँधा नहीं था क्या?

**गुलाब :** सा'ब, आप बाहर गए तब से तो मैं पीछे के बाग़ान में काम कर रहा था। दरवाज़ा खुला ही था।

**सुभाष :** ओह...! *(गम्भीर होकर)* यानी दरवाज़ा खुला ही रह गया और प्लम्बर भीतर चला आया। उसे देखकर दुश्का

उस पर कूद पड़ा और प्लम्बर ने उसे लोहे के पाइप से पीटा, उसका ख़ून कर डाला।

**गुलाब :** हाँ, सा'ब। शायद ऐसा ही हुआ।

**सुभाष :** पहले तो दुश्का को उठाओ यहाँ से। आओ, हम घर के पिछवाड़े एक गड्ढा खोदकर उसे दफ़ना दें। माँ बेचारी यह ख़बर सुनकर रात भर सो नहीं पाएगी। चलो।

*[लोगों का शोरगुल।]*

**फ़्लैशबैक समाप्त**

**सुभाष :** बहुत बुरा हुआ। अनिल बाबू, सारा दोष मेरा ही है।

**अनिल :** आपका क्यों? आप तो घर में थे ही नहीं।

**सुभाष :** यही तो बात है। मुझे क्या ज़रूरत थी किसी दोस्त के घर जाने की? मेरा ही दोष है। मैं क्यों उसी समय घर से निकला?

**अनिल :** आपका दुख मैं समझ सकता हूँ।

**सुभाष :** मेरी माँ को कितनी वेदना हुई होगी, यह तो ज़रा सोचिए। जब वह आदमी दुश्का को पीट रहा था तब वह घर में बैठकर उसका चीख़ना-चिल्लाना सुन रही थी। लेकिन सिवा चिल्लाने के, सिवा ख़ानसामे को बुलाने के, वह कर भी क्या सकती थी?

**अनिल :** आपकी माँ को उस कुत्ते से बहुत लगाव था। उनकी वेदना का मैं अनुमान कर सकता हूँ।

**सुभाष :** मेरी माँ साधारण माँ की तरह नहीं थी। वह अत्यन्त सुन्दर थी और केवल इक्यावन वर्ष की आयु में उसकी मृत्यु हुई थी। दुश्का की मौत के ठीक पाँच महीने बाद। दुश्का की मौत का सदमा जितना मुझे लगा, उससे कई गुना ज़्यादा मेरी माँ को लगा था। शायद तीन-चार दिनों तक वह कुछ खा भी नहीं सकी थी। अपनी बात बताऊँ तो मुझ पर दुख से ज़्यादा ग़ुस्सा हावी हो गया था।

**अनिल :** यह आप क्या कह रहे हैं? ग़ुस्सा किस पर?

**सुभाष :** उसी आदमी पर जो मर गया। मैं कभी-कभी सोचता था कि उसने जैसे दुश्का को पीटा, अगर उसी तरह मैं भी उसे पीट-पीटकर अधमरा-सा कर सकूँ या उसके पीछे गुंडे लगवा दूँ तो मुझे शान्ति हो।

**अनिल :** आश्चर्य की बात है!

**सुभाष :** यही नहीं, मैंने तो ऐसा भी सोचा कि कभी रास्ते में किसी ड्राइवर की गाड़ी के नीचे कोई आ जाए तब भीड़ जिस तरह उसे पीटती है, उसी तरह मैं उस प्लंबर को पिटवाने का प्रबन्ध कर सकूँ तो कितना अच्छा!

**अनिल :** फिर आपने क्या किया?

**सुभाष :** *(निराशा के स्वर में)* कुछ भी नहीं। भद्र परिवार में मेरा जन्म हुआ है। मैं इस प्रकार की कोई हरकत नहीं कर सकता हूँ। केवल असफल आक्रोश से काँपता रहता हूँ।

**अनिल :** आप और कुछ कर सकते थे। पुलिस को ख़बर या...

**सुभाष :** उस आदमी पर क़ानूनी कार्यवाही चलाने को भी सोचा था लेकिन उसके लिए गवाह चाहिए। मेरे पास कोई गवाह नहीं था। कुत्ते की मौत के लिए किसी के ऊपर क़ानूनी कार्यवाही की जा सकती है या नहीं, यह मैं नहीं जानता।

**अनिल :** *(कुछ सोचकर)* सुभाष बाबू, आपकी माँ की मृत्यु का इस कुत्ते की मौत से कोई सम्बन्ध था क्या?

**सुभाष :** इन दोनों के बीच कोई निश्चित सम्बन्ध शायद नहीं था। न होना ही स्वाभाविक है। क्योंकि माँ की मृत्यु हुई किसी रोग से। वह अचानक बीमार हो गई। लेकिन फिर भी न जाने क्यों, मैं हमेशा महसूस करता हूँ कि इसके बीच में कोई सम्बन्ध ज़रूर है। कुत्ता अगर बच जाता तो शायद माँ भी कुछ और जी लेती।

**अनिल :** सुभाष बाबू, माँ का स्थान बड़ा महत्त्वपूर्ण होता है।

**सुभाष :** मेरी माँ मेरा सब कुछ थी। बहुत ही छोटी उम्र में मैंने पिताजी को खो दिया था। मेरे कोई भाई-बहन भी नहीं हैं। कहने लायक कोई दोस्त भी कभी नहीं मिला।

**अनिल :** शायद आप दोस्त चाहते भी नहीं थे।

**सुभाष :** शायद आप ठीक कह रहे हैं। माँ का सान्निध्य ही मेरे लिए सबसे बड़ी बात थी। जब से मैंने नौकरी शुरू की, हाथ में पैसे आए, तब से माँ और मैं जगह-जगह घूमने निकल जाते थे। फ़ुरसत के समय कुछ बातचीत या आलोचना करने के लिए वही एकमात्र मेरी साथी थी। मेरी मित्र थी।

**अनिल :** क्या उन्हीं के लिए आपने शादी नहीं की?

**सुभाष :** मुझे इच्छा ही नहीं हुई।

**अनिल :** आपकी माँ ने भी क्या आपको शादी के लिए नहीं कहा?

**सुभाष :** हाँ, एकाध बार कहा था, पर मैंने अनसुनी कर दी। मेरे मन में एक डर था। इस घर में जो आएगी, वह न जाने कैसी होगी? आने के बाद यदि वह मेरी माँ को पसन्द न करे या उसके अन्धेपन के लिए यदि ताना मारे तो मैं तो कभी भी सह न पाऊँ। वही माँ जिस दिन चली गई, उसी दिन से उस आदमी के ऊपर मेरा ग़ुस्सा दुगना बढ़ गया।

**अनिल :** लेकिन आप कर भी क्या सकते थे सुभाष बाबू?

**सुभाष :** एक के बाद एक रात मैंने एक ऐसी वेदना में काटी है, क्या बताऊँ! उन क्रोधांध कराल विचारों के क्षणों को मैं नहीं दोहराऊँगा। अन्त में मैंने देखा कि इस तरह तो नहीं चलेगा। वह तो अपने घर ठीक-ठाक बैठा है। मैं ही इस आग में झुलसकर ख़त्म हो जाऊँगा। इस आग से मुझे छुटकारा मिलना चाहिए। मुझे ज़िन्दा रहना है। उसी समय, शायद डेढ़ महीने पहले ही, मुझे एक ग्रांड आइडिया आया। अपने-आप ही।

**अनिल :** क्या ग्रांड आइडिया?

**सुभाष :** मैंने सोचा कि यदि मैं मन-प्राण से उसे माफ़ कर दूँ, सचमुच ही माफ़ कर दूँ तो उसके बाद न क्रोध रहेगा, न पछतावा। न ही मैं मन-ही-मन उसे अभिशाप देता रहूँगा।' सच कहता हूँ, इस विचार के साथ ही मेरे सिर के ऊपर से जैसे ठंडी हवा बह गई। मैं समझ गया कि इसी में मेरी मुक्ति की चाबी छुपी है।

**अनिल :** लेकिन वह माफ़ी आपने दी कैसे? मन-ही-मन?

**सुभाष :** कुछ दिन तो जाप के मंत्र की तरह मैं बोलता रहा, मैंने उसे माफ़ किया है, उसे माफ़ किया है, मैंने उसे माफ़ किया है। लेकिन उसके बाद भी कोई फ़र्क़ नहीं हुआ।

**अनिल :** माफ़ कीजिएगा, ऐसे जाप से तो आप सत्य के सामने आँखें मूँद देते हैं।

**सुभाष :** आप ठीक कह रहे हैं। एक क्षण के लिए भी दिमाग़ सतर्क न रहता तो पहले का क्रोध हाहाकार के साथ अन्दर घुस आता था। तब दाँत भींचकर मैं केवल यही कामना करता था कि उस पर भयंकर अत्याचार हो, उसका विनाश हो, मृत्यु हो! और उसी समय मेरे मन में दूसरा आइडिया आया। तभी तो मैं आपके दरवाज़े पर आकर खड़ा हो गया था।

**अनिल :** मेरे दरवाज़े पर आकर? मैं समझा नहीं? मैं इन सबके बीच में कैसे आ गया?

**सुभाष :** देखिए न अनिल बाबू, बात यह है कि वह माफ़ी उसकी नज़रों में और उससे ज़्यादा तो मेरी अपनी नज़रों में प्रामाणित करने की आवश्यकता थी। क्योंकि मुक्ति मुझे चाहिए, उसे नहीं। मुझे अपनी नज़रों में उससे अधिक ऊँचा उठना था और इसके लिए उसे हराना ज़रूरी था। इस पाप को मेरे जीवन से सदा के लिए दूर करने का यही एक तरीक़ा था।

**अनिल :** बात कुछ ज़्यादा ही उलझ रही है सुभाष बाबू। मैं तो यही जानना चाहता था कि वह आपका 'आत्मीय' व्यक्ति

क्यों कहलाया और इस सारे कांड में आप मुझे क्यों घसीट लाए?

**सुभाष :** उसी बात पर आ रहा हूँ। आपका अधिक समय नहीं लूँगा अनिल बाबू। हाँ, तो मैं क्या कह रहा था?

**अनिल :** आप उसे हराने की कुछ बात कर रहे थे।

**सुभाष :** जी हाँ, जी हाँ। उसके बाद मैंने उस आदमी के साथ परिचय करने की कोशिश शुरू की। लेकिन उसने हाथ तो क्या, उँगली भी नहीं बढ़ाई। भयमिश्रित सन्देह के भाव से वह मुझसे दूर रहने लगा।

**अनिल :** तो क्या आप उसके घर तक पहुँच गए थे?

**सुभाष :** मोहल्ले के लोगों का कौतूहल जागने के डर से मैं बार-बार तो उसकी बस्ती में नहीं जा सकता था, लेकिन उसके बारे में जानने लायक सारी बातें मैंने इकट्ठी कर ली थीं।

**अनिल :** उसके बारे में आपके जानने लायक बात क्या हो सकती है?

**सुभाष :** जैसे कि सिवा उसकी पत्नी के इस संसार में उसका कोई नहीं। और वह बहुत ही ग़रीब है, वग़ैरह। ख़ैर, आख़िर एक दिन मैं उसे बहुत समझा-बुझाकर, पहले से ही काफ़ी पैसे देकर नल ठीक करने के बहाने से अपने घर ले आया। फिर मैंने उससे कहा कि तुम तो बहुत अच्छे कारीगर हो। तुम्हें अच्छी नौकरी मिल सकती है।

**अनिल :** अच्छा...तो आप उसे नौकरी दिलाकर उससे ऊपर ऊँचा उठना चाहते थे? आपकी बातों से वह ज़रूर ख़ुश हुआ होगा?

**सुभाष :** वह ख़ुश हुआ और मेरा भी साहस बढ़ गया। मैंने कोशिश जारी रखी। आख़िर एक दिन एक नौकरी ढूँढ़ ही ली।

**अनिल :** *(ख़ुशी और हँसी से)* वाह, सुभाष बाबू, बधाई हो!

**सुभाष :** अरे बधाई कहाँ? आप आगे तो सुनिए। मेरे ही किसी जाननेवाले की एक इंजीनियरिंग फ़र्म में वह नौकरी थी। लेकिन वह तक़दीर का फूटा, कमबख़्त, मेरे सारे प्लान

को बिगाड़कर फट से मर गया। मैं उसे इस नौकरी की सूचना तक नहीं दे पाया।

**अनिल :** क्या हुआ था उसे ? आपने उसे बचाने के लिए कुछ नहीं किया ?

**सुभाष :** क्या हुआ था, वह तो राम जाने, लेकिन मैंने उसे बचाने की काफ़ी कोशिश की थी। पी.जी. अस्पताल में भी ले गया था, पर सब कुछ बेकार। अस्पताल पहुँचने से पहले ही उसका बड़बड़ाना शुरू हो गया था। अब यह कहने की ज़रूरत नहीं है कि अस्पताल और दवाई का सारा ख़र्च मैंने ही दिया था। यहाँ तक कि अपनी गाड़ी में मैं उसकी पत्नी को दो दिन अस्पताल में ले गया हूँ, विजिटिंग आवर्स में।

**अनिल :** फिर दो दिन के बाद क्या हुआ ?

**सुभाष :** बस, मर गया। उस समय उसके पास कोई नहीं था। उसका शव मैं ही मॉर्ग से ले आया था।

**अनिल :** यह तो बहुत बुरा हुआ।

**सुभाष :** इतनी कोशिश करने पर भी और क्षमता होने पर भी मुझे मिला क्या ? लगता है, जैसे मैं उसे नहीं, वही मुझे हमेशा के लिए हराकर चला गया। *(निराशा के स्वर में)* अब मैं सारा जीवन पड़ा रहूँगा। क्षमा करने के असामर्थ्य को लेकर, मेरे असफल आक्रोश और पछतावे को लेकर। अकेले जीवन की असह्य नीरव यंत्रणा से भरे अनगिनत रात-दिन को लेकर।

**अनिल :** लेकिन सुभाष बाबू, अब भी एक बात मैं नहीं समझ पाया हूँ।

**सुभाष :** क्या ?

**अनिल :** आप मेरे घर कैसे आ पहुँचे ?

**सुभाष :** मैं इस यंत्रणा से बाहर निकलने का रास्ता ढूँढ़ रहा था। किसी अच्छे काम के बारे में सोच रहा था, जिसके ज़रिए

आख़िर अपनी निगाहों में मैं अपने महत्त्व को स्थापित कर सकूँ। उसकी नज़रों में तो अब कुछ भी नहीं, क्योंकि वह तो हमेशा के लिए बन्द हो गई हैं। मेरा मन जब इस प्रकार हताश हो गया था तब अचानक और एक आइडिया आया और मैं दौड़ता हुआ आपके दरवाज़े पर आकर खड़ा हो गया। अब तो आप सारी बात समझ गए होंगे न?

**अनिल :** *(स्तब्ध भाव से)* बाप रे बाप! माफ़ करने का आइडिया वाकई प्रलोभनीय है। वह हो जाता तो शायद मुझे भी काफ़ी चिन्ता और व्यथा से मुक्ति मिल जाती। यह एक असाधारण घटना है। मेरे जीवन में ऐसा कुछ घटा नहीं। फिर भी, लोगों से असभ्य व्यवहार मुझे भी काफ़ी मिला है। उनसे बदला लेने की भावना ने मेरी भी कई रातों को बिगाड़ा है। इसके अलावा इस क्रूर भयानक शहर के रास्ते पर कई निष्ठुर चेहरे देखता हूँ—चौरंगी, शियालदाह, श्यामबाज़ार के पाँच रास्ते पर—जिन्होंने मेरा कभी कुछ नहीं बिगाड़ा, लेकिन किसी भी समय अनायास, बिना किसी हिचकिचाहट के बिगाड़ सकते हैं। उनको भी अगर पहले से माफ़ कर सकता, या उन सबको जिन्होंने केवल मेरे प्रति अभी तक नहीं किए गए पाप के लिए नहीं, लेकिन दूसरे किसी न किसी के प्रति भी वे हमेशा कोई न कोई पाप करते ही रहते हैं, उनके लिए भी। पर इस तरह यदि माफ़ कर भी दिया जाए तो वह एक प्रकार का हल ही होगा। वह हल चिरस्थायी होगा या नहीं, यह नहीं जानता हूँ। चारों ओर देश-विदेशों में जो छुरी, बुरी नियत से असहाय सीने में घुसने के लिए तैयार है, उसे क्या यह माफ़ी रोक सकती है? *(विश्वास के साथ)* ख़ैर, अब तो सारी कहानी सुन ली। बात कुछ-कुछ समझ में आ रही है। यानी आज आप मेरे पास आए थे अपना

ही कोई स्वार्थ जताने के लिए और मुझे उसी का शिकार बनाने के लिए। ठीक है न?

**सुभाष :** यानी?

**अनिल :** यानी मुझे इसमें घसीटा गया था केवल अपना षड्यंत्र सफल बनाने के लिए, अपने स्वार्थ के लिए। आपकी बात सुनकर मैं जो कष्ट झेलने को तैयार हो गया, उससे आपने मन-ही-मन अपने महत्त्व को बढ़ता हुआ पाया। जैसे कि मेरे द्वारा आप उस तक पहुँच गए। यही किया न? बड़े स्वार्थी हैं आप।

**सुभाष :** जी हाँ, मैं स्वार्थी हूँ। आपने ठीक ही बताया अनिल बाबू। लेकिन देखिए, यह भी मैंने पहले से सोच रखा था। इसके लिए मैं तैयार था। क्योंकि मुझे मालूम था कि एक बार तो आपको सारी बात बतानी ही पड़ेगी और तब आपको इस कांड में इस तरह घसीटने के लिए आप मुझे बुरी तरह से डाँटेंगे। सोचा था कि उस आदमी के लिए मैं आपकी डाँट भी ख़ुशी से निगल जाऊँगा। उसके द्वारा शायद परोक्ष रूप से मैं उस आदमी के ऊपर अपनी विजय महसूस कर पाऊँगा। क्योंकि उसके लिए मैं कितने प्रकार के कष्ट सह रहा हूँ, ठीक कहा न?

**अनिल :** बहुत ही स्वार्थी हैं आप। बहुत...बहुत...।

**सुभाष :** *(कैफियत देने के स्वर में)* आप अकेले को नहीं ले आया था। और भी एक व्यक्ति को ले आया था। वही सज्जन, जिन्होंने आपसे अपने भाई की नौकरी की बात कही थी। उनके दरवाज़े पर जाकर मैं उनकी भी डाँट समेट लूँगा।

**अनिल :** जाइए। मेरी शुभकामना है। *(उठते हुए)* तो अब मैं...

**सुभाष :** और थोड़ा बैठेंगे? सिर्फ़ दो मिनट। आपकी सलाह चाहिए।

**अनिल :** *(नाराज़गी के साथ)* बताइए।

**सुभाष :** श्मशान में ही एक बात मेरे मन में उठी थी। अब क्या करना चाहिए, यह मेरी समझ में नहीं आ रहा।

**अनिल :** फिर क्या हुआ?

**सुभाष :** आवेग के अतिरेक में मैं शायद एक बड़ी भूल कर बैठा हूँ। उस आदमी की पत्नी को मैं वचन दे बैठा हूँ कि उसके भरण-पोषण का सारा दायित्व मैं उठाऊँगा—उस आदमी के मरने के कुछ समय बाद ही।

**अनिल :** तो क्या हुआ?

**सुभाष :** लेकिन अब मैं वह करना नहीं चाहता। मैं इस वचन से छूटना चाहता हूँ। किसी तरह से अपने को बचाना चाहता हूँ। कृपा करके कोई रास्ता दिखा दीजिए।

**अनिल :** यह क्या? अब तक आप जो कुछ कह रहे थे, उसके साथ इस बात का कोई मेल नहीं है। यह तो अच्छी बात है, उस महिला के भरण-पोषण का दायित्व लीजिए और उसके माध्यम से उस आदमी को माफ़ करने का एक बढ़िया रास्ता भी मिल जाएगा। आप तो यही चाहते थे।

**सुभाष :** चाहता था ज़रूर, लेकिन अब नहीं चाहता। मैं साधारण मनुष्य हूँ। अपने को इतना बड़ा दिखाने की मुझे क्या ज़रूरत? अब तो हर महीने लगभग तीन सौ रुपए, आजकल की महँगाई में तो चार सौ-पाँच सौ रुपए मैं ख़र्च करता जाऊँ—क्या ज़रूरत है? क्योंकि मैं चाहे कितनी भी कोशिश करूँ, वह आदमी मेरा कुछ नहीं लगता। उसके प्रति मेरी कोई सहानुभूति नहीं है। आज श्मशान में ही मैं यह बात समझ गया था।

**अनिल :** श्मशान तो बड़ी विचित्र जगह है। वहाँ जाकर तो किसी का भी मन ठीक नहीं रहता है। मैं बताऊँ? आप कुछ दिन आराम कीजिए। बाद में देखना, सब कुछ ठीक हो जाएगा। आप अपने पहले के संकल्प की ओर लौट आएँगे।

**सुभाष :** नहीं, वह अब नहीं होगा। मुझे कोई अजीब-सा भय लग रहा है। समझे आप? मेरी स्थिति एक पिंजरे में बन्द पंछी जैसी है। मानो पिंजरे को ख़ुद ही ताला लगाकर मैंने चाबी बाहर फेंक दी है। क्योंकि कुत्ते की तक़दीर में उस तरह की मौत थी, सो वह मर गया। माँ भी समय हो गया तो चली गई। अब वह आदमी भी मर गया है—जो होना था सो हो गया है। अब मैं ही क्यों सारी ज़िन्दगी इस बोझ को अपने साथ घसीटता रहूँ और हर महीने इतने सारे रुपए, इतना बड़ा दायित्व? बिलकुल बेकार की बात नहीं है क्या?

**अनिल :** लेकिन उस आदमी को माफ़ करने की जो बात है?

**सुभाष :** अब लगता है कि उस आदमी को मैं यूँ ही माफ़ कर पाऊँगा। उलटा उसकी पत्नी का बोझ अगर मुझे उठाना पड़े तो वह माफ़ी भी बड़ी मुश्किल हो जाएगी।

**अनिल :** *(अचानक ग़ुस्से और ताने के भाव से)* तो उस महिला को चुपचाप मार ही डालिए। उसके पीछे गुंडे लगा दीजिए। कुछ तो कीजिए। फिर तो सारे प्रश्न हल हो जाएँगे। *(फिर शान्त होकर)* देखिए, आपके स्वार्थ में फँसकर आज शाम से मैंने काफ़ी कुछ कर डाला है। अब दया कीजिए। मुझे और मत घसीटिए इन बातों में। मेरे पास आपको देने के लिए कोई भी सलाह नहीं है। *(और नर्मी से)* वैसे आपका केस बड़ा अद्‌भुत है। सुनकर काफ़ी कुछ पाया। लेकिन देखिए, हम सब अपने किए का फल भुगतते हैं। जो निर्णय अपने लिए लेना हो, वह ख़ुद ही लेते हैं। अब इसका हल आपको ही ढूँढ़ना होगा। यह मेरे बस की बात नहीं है। और मुझे पक्का यक़ीन है कि आप वह हल ढूँढ़ पाएँगे ही। मैंने अभी ही तो देखा, आपके दिमाग़ में एक के बाद एक कितने आइडिया आते हैं? उस तरह का क्या और एक आइडिया नहीं मिलेगा?

ज़रूर मिलेगा! आप अपना विश्वास क्यों गँवा रहे हैं? *(सुभाष को चुपचाप बैठा देखकर)* देखिए सुभाष बाबू, आज दिन भर आप पर काफ़ी बीती है। आप थक गए हैं। आराम कीजिए। यही एक सलाह मैं देना चाहता हूँ। अब कुछ मत सोचिए। कोई ज़रूरत नहीं है। बताइए, करेंगे तो?

**सुभाष :** *(थोड़ा रुककर, दुविधा के भाव से)* ठीक है। वही करता हूँ। देखूँ, क्या कर सकता हूँ।

**अनिल :** तो अब चलता हूँ। बहुत रात हो गई है।

*[सुभाष अनिल के साथ दरवाज़े तक आता है।]*

**सुभाष :** आपको बहुत कष्ट दिया अनिल बाबू। हो सके तो क्षमा कर दें।

**अनिल :** इसमें कष्ट की क्या बात है? अच्छा, तो चलता हूँ। नमस्कार।

# जेसल-तोरल

[गुजराती लोककथा पर आधारित]

## पात्र-परिचय

**पिता**
**जेसल**
**भाभी**
**काठी**
**तोरल**
**मगन**
**मगना**
**परमा**
**कुछ लोग**

*[संगीत]*

**पिता :** चलो-चलो, जल्दी करो, विदाई का मुहरत निकल जाएगा। जाओ बेटी चम्पा, तुम उधर से हाथ पकड़ लो। आवजो बेटी, आवजो जमाई राजा!

*[संगीत]*

**जेसल :** अरी ओ भाभी...देख, देख। आज तो बारात लूट ली है...*(हँसी)*

**भाभी :** हाय राम! देवरजी, तुमने फिर बारात लूटी? तुम राजा रायघण के पोते हो। राजा के लिए अपनी प्रजा बच्चे के समान होती है।

**जेसल :** छोड़ भाभी। ऐसी सुफ़ियानी बातें मुझसे मत कर। मर्दाने कामों को तू क्या जाने? *(जेवर की खनखनाहट)* यह हार देख। इसे पहनकर तू राजरानी दिखेगी।

**भाभी :** ना, मैं तो इस हार को हाथ भी न लगाऊँ। *(गहरी साँस लेकर)* बेचारी, नई-नवेली दुल्हन कितनी उमंग से ससुराल जा रही होगी! क्यों इतने पाप करते हो देवरजी?

**जेसल :** तुम नहीं बदलोगी भाभी। तुमसे बहस करना बेकार है।

**भाभी :** देवरजी, तुम अपने आपको बड़े बहादुर समझते हो, क्यों?

**जेसल :** सो तो हूँ ही भाभी। भैया से पूछ ले। मैं बच्चा था तब से अपनी मर्दानगी दिखा रहा हूँ।

**भाभी :** तो अब मैं तुम्हारी परीक्षा लेना चाहती हूँ।

**जेसल :** वह कैसे?

**भाभी :** तुम्हारे नाम से सारा कच्छ काँपता है।

**जेसल :** जेसल का नाम सुनकर रोते बच्चे चुप हो जाते हैं। लौंडियाँ घर में घुस जाती हैं। रोटी का कौर गले में अटक जाता है, न ऊपर जाता है, न नीचे। हा...हा... *(हँसता है)*

**भाभी :** अपनी बहादुरी कहीं और भी दिखाओ।

**जेसल :** तू बोल तो सही। जेसल कच्छ का शेर है, शेर। एक दहाड़ और हिल जाए पहाड़!

**भाभी :** बस, बस। अब मेरी बात ध्यान से सुनो। तुम्हें समुद्र पार करना होगा। सोरठ जाना होगा। वहाँ एक सांसतिया काठी है।

**जेसल :** सांसतिया काठी? वह तो बेचारा दिन-रात भजन करता रहता है। उसके घर में तो फूटी कौड़ी भी नहीं मिलेगी।

**भाभी :** मेरी बात तो सुनो। उस काठी की एक पत्नी है। उसका नाम है—तोरल। क्या रूप, क्या गुण! चाँद का टुकड़ा है!

**जेसल :** उससे तुम क्या करोगी?

**भाभी :** फिर बीच में बोले? मुझे बात तो पूरी करने दो!

**जेसल :** बोल, ज़रा जल्दी-जल्दी बोल। तुझे तो मालूम है, मुझसे एक जगह ज़्यादा देर तक बैठा नहीं जाता।

**भाभी :** बड़े उतावले हो तुम। आगे सुनो! सांसतिया के पास एक घोड़ी है। इतनी बढ़िया घोड़ी दुनिया में किसी के पास नहीं होगी।

**जेसल :** तो तुम्हें वह घोड़ी भी चाहिए क्या?

**भाभी :** हाँ, तुम उस घोड़ी और तोरल को उठाकर यहाँ ले आओ तो मैं मानूँ कि मेरा देवर बहादुर है।

**जेसल :** बस? यह तो बाएँ हाथ का खेल है भाभी!

**भाभी :** लेकिन सांसतिया के पास एक तलवार भी है। वह बिजली की तरह चलती है। उससे किया हुआ वार कभी ख़ाली नहीं जाता। तुम उस तलवार से बचकर रहना।

**जेसल :** तू क्या समझती है, मैंने चूड़ियाँ पहन रखी हैं क्या?

**भाभी :** हिम्मत हो तो वह तलवार भी ले आना। तुम अपने आपको शेर कहते हो न, अरे भई, शेर अपने ही जंगल में दहाड़ता रहे, इसमें कौन-सी बहादुरी है?

**जेसल :** ताना मत मार भाभी! मैं जा रहा हूँ। इसी वक़्त जा रहा हूँ। तेरे क़दमों में सांसतिया काठी की जोरू, घोड़ी और तलवार न रख दूँ तो मेरा नाम जेसल नहीं।

*[जेसल के जोश के साथ जाने की आवाज़]*

**भाभी :** *(थोड़ी-सी हँसी के साथ)* सांसतिया ही इन्हें ठीक कर सकते हैं। हे प्रभु, देवरजी की रक्षा करना।

*[घोड़े के दौड़ने की आवाज़— पॉज— पानी में नाव के चलने की आवाज़— पॉज— जेसल के पैदल चलने की, पैरों तले सूखे पत्ते कुचलने की आवाज़— कुछ क्षणों बाद गुजराती भजनों की हल्की आवाज़]*

**जेसल :** यही होगी उस फकीर की कुटिया।

*[भजन चल रहा है।]*

**जेसल :** *(धीमी आवाज़ से)* अब दीवार में छेद करके अन्दर घुसना है। भाभी ने मँगवाई है काठी की जोरू, घोड़ी और तलवार।

*[घोड़ी के हिनहिनाने की आवाज़]*

**जेसल :** *(धीरे से)* तो यही अस्तबल है। सेंध लगाने के लिए यही दीवार ठीक रहेगी।

*[कुछ क्षणों तक कुतर-कुतर और हल्की-हल्की ठक-ठक। भजन और थोड़ा स्पष्ट सुनाई देता है। घोड़ी हिनहिनाती है]*

**जेसल :** *(फुसफुसाकर)* चुप बे!

*[फिर से ठक-ठक और भजन]*

**जेसल :** *(हल्की आवाज़ से)* अन्दर घुसने के लिए इतना काफ़ी है।

*[घुसता है।]*

तो...हं...तो यही है वह घोड़ी। बड़ी फ़ुर्तीली दिखती है। बैठते ही उड़ने लगेगी।

*[घोड़ी को थपथपाता है। वह हिनहिनाती है]*

**जेसल :** चुप! रस्सी तो बड़ी तगड़ी बँधी है। खूँटा ही उखाड़ लेता हूँ।

*[घोड़ी फिर हिनहिनाती है। भजन रुक जाता है]*

**काठी :** मगना भाई, ज़रा देखना तो। आज यह कुछ ज़्यादा ही हिनहिना रही है।

**तोरल :** कहीं साँप-बिच्छू तो नहीं निकल आए?

**मगन :** अभी देखता हूँ बाप जी! *(जाता है)*

**जेसल :** *(फुसफुसाकर)* घास के नीचे ही छुप जाता हूँ।

*[मगना की आहट]*

**मगन :** *(घोड़ी को थपथपाते हुए)* क्यों री, बात क्या है? कहीं साँप देख लिया क्या? अं...हं...यहाँ तो कुछ भी नहीं... ओ...तो...खूँटा निकल गया है? अभी लगा देता हूँ।

*[खूँटा ठोकने की आवाज़]*

**मगन :** बस? अब ख़ुश? *(फिर से घोड़ी को थपथपाता है)*

*[जाने की आवाज़]*

**काठी :** सब ठीक है न भाई?

**मगन :** हाँ, बापजी। वहाँ तो न साँप है, न बिच्छू। खूँटा निकल आया था। शायद इसीलिए इतना हिनहिना रही थी।

**तोरल :** खूँटा लगा दिया न?

**मगन :** हाँ, हाँ। बहुत अच्छी तरह लगा दिया है।

**काठी :** तो एक भजन और गा लें। फिर प्रसाद बाँट लेना।

*[भजन शुरू। भजन की आवाज़ हल्की होती है। घोड़ी का हिनहिनाना ज़ोर से सुनाई देता है।]*

**जेसल :** *(धीमे से)* ओ...ह...चुप बे! कुछ ज़्यादा ही तेज बनती है।

*[भजन समाप्त]*

**काठी :** आज तो भजन में बहुत आनन्द आया। तोरल, तुम प्रसाद बाँट दो। देखना, कोई छूट न जाए।

**तोरल :** जी।

*[लोगों की आपस में बातचीत की आवाज़ें]*

**काठी :** तोरल, सभी को दे दिया?

**तोरल :** जी हाँ, सभी को दे दिया।

**काठी :** लेकिन थाली में तो किसी का हिस्सा रह गया है। यहाँ ज़रूर कोई है जिसे प्रसाद नहीं मिला।

**तोरल :** मैं तो एक-एक करके सभी को दे चुकी हूँ। कोई नहीं बचा।

**काठी :** तो फिर प्रसाद क्यों बच गया? ऐसा पहले तो कभी नहीं हुआ। ज़रूर कोई रह गया है। मगना, परमा, तुम लोग ज़रा चारों ओर देख लो तो।

**मगना-परमा :** जी, बापजी। अभी देखते हैं।

*[दोनों के जाने की आवाज़]*

**काठी :** अजीब बात है। ऐसा कैसे हो सकता है?

*[मगना की आहट। घोड़ी हिनहिनाती है]*

**मगना :** परमा, मैं अस्तबल की ओर देखता हूँ। तुम आँगन की ओर चले जाओ।

**परमा :** ठीक है।

**मगना :** आज तो तुमने कमाल कर दी। इतना तो कभी नहीं हिनहिनाई! भजन में साथ दे रही थीं क्या? *(घोड़ी को थपथपाता है। चौंककर चिल्लाता है)* अरे! यह ख़ून...ख़ून कहाँ से आया?

*[ख़ून से लथपथ घास हटाता है। जेसल को देखकर मगना चिल्लाता है :]*

**मगना :** बापजी...बापजी...

**कुछ लोग :** क्या हुआ? क्या हुआ? क्या बात है?

*[कई लोगों के आ पहुँचने की आवाज़। अचानक शान्ति]*

**काठी :** आप कौन हैं?

**जेसल :** राजपूत।

**काठी :** आपका नाम? स्थान?

**जेसल :** नाम जेसल। स्थान कच्छ।

**मगन :** *(डरी हुई आवाज़ से)* यह लूटेरा जेसल है। नामचीन लूटेरा...जेसल।

*[लोगों में फुसफुसाहट]*

**काठी :** *(शान्त स्वर में)* यहाँ क्यों आए हो?

**जेसल :** चोरी करने।

**काठी :** *(हैरान होकर)* चोरी करने? मेरे घर में?

**जेसल :** हाँ।

**काठी :** किस चीज़ की?

**जेसल :** सांसतिया काठी की जोरू तोरल।

**तोरल :** *(चौंककर)* मैं...?

**जेसल :** हाँ, तुम।

**काठी :** बस?

**जेसल :** बस नहीं। काठी की घोड़ी और तलवार भी।

**काठी :** पहले यह बताओ कि तुम्हारे हाथ ख़ून से लथपथ क्यों हैं?

**जेसल :** मैं दीवार में छेद करके अस्तबल में घूसा। घोड़ी चुराने के लिए खूँटा उखाड़ा। अचानक किसी की आहट सुनकर घास के नीचे छुप गया। पर उसने खूँटा मेरे हाथ पर ही ठोक मारा!

**काठी :** तुम चिल्लाए नहीं? तुम्हें दर्द नहीं हुआ?

**जेसल :** मैं राजा रायघण का पोता हूँ। राजपूत ख़ून मेरी रगों में है। ऐसे-वैसे खूँटों से मैं नहीं डरता।

**काठी :** लेकिन यह तो तुम्हारी हथेली के आर-पार निकल गया है। हाथ पर पट्टी बँधवा लो। ख़ून बह रहा है।

**जेसल :** कोई बात नहीं। तुम इसकी फिकर मत करो। मैं जो लेने आया हूँ, वह सीधे-सीधे दे रहे हो या मुझे अपनी ताक़त दिखानी होगी?

**काठी :** तुम्हारी सहनशक्ति और हिम्मत देखकर मुझे ख़ुशी हो रही है। तुम बहादुर हो, इसमें कोई शक नहीं। पर तुम्हारी शक्तियाँ ग़लत रास्ते पर जा रही हैं, जेसल।

**जेसल :** मैं तुम्हारा भाषण सुनने नहीं आया। मैं अपना रास्ता बहुत अच्छी तरह जानता हूँ। अब जल्दी करो। तुम्हारी जोरू, घोड़ी और तलवार मेरे हवाले कर दो।

**काठी :** धीरज धरो भाई! तुम जो ले जाने आए हो, वह सब तुम्हें मिलेगा।

**जेसल :** चाँद के टुकड़े-सी तुम्हारी जोरू भी?

**काठी :** सब...सब मिलेगा। तोरल, तुम जेसल के साथ जाने के लिए तैयार हो?

**तोरल :** जब आपके मुँह से मेरे जाने की बात निकली है तो मैं जाऊँगी ही। मैं जानती हूँ, दूसरों का सुख आप पहले देखते हैं, बाद में अपना।

**काठी :** तुम्हें इस बात का दुख तो नहीं?

**तोरल :** मेरे और आपके विचारों में अन्तर रहा ही नहीं है, तब दुख किस बात का? मुझे भेजने के पीछे आपका क्या उद्देश्य है, यह मैं समझ गई हूँ।

**काठी :** तोरल, तुम सचमुच त्याग और ममता की देवी हो!

**तोरल :** यह तो आपके संग का रंग है।

**जेसल :** तो क्या तोरल मेरे साथ चल रही है?

**काठी :** बिलकुल।

**जेसल :** अपनी ख़ुशी से चल रही है?

**काठी :** बिलकुल।

**जेसल :** बड़े ताज़्ज़ुब की बात है।

**काठी :** ताज़्ज़ुब क्यों? तुम्हें किसी चीज़ की ज़रूरत है तभी तो तुम माँग रहे हो। वह चीज़ मेरे पास हो और मैं न दूँ, ऐसा हो सकता है क्या?

**जेसल :** लेकिन मैंने तो सुना था कि तोरल पतिव्रता नारी है। परपुरुष के साथ चलने में इसे हिचकिचाहट भी नहीं हो रही? अजीब बात है!

**तोरल :** मेरे पति मुझे क्यों भेज रहे हैं, यह मैं जानती हूँ। मुझे विश्वास है, मेरी पवित्रता को आँच तक नहीं आएगी।

**जेसल :** ख़ैर, तब घोड़ी और तलवार भी दे दो, तो हम चलें।

**काठी :** मगना, घोड़ी का रस्सा खोल डालो।

**मगना :** जी, बापजी।

*[घोड़ी हिनहिनाई]*

**मगना :** *(घोड़ी को थपथपाकर)* शान्त हो जा। अब तू पराये घर जा रही है। ढंग से रहना।

**काठी :** यह लो जेसल। सँभालो अपनी घोड़ी।

**जेसल :** इस घोड़ी का जवाब नहीं। इसे भी राज़ी-ख़ुशी दे रहे हो?

**काठी :** तुम्हें जो चाहिए सो ले जाओ। मुझे किसी भी बात का रंज नहीं, बल्कि ख़ुशी है कि मेरी घोड़ी तुम्हारे काम आ रही है।

**जेसल :** पता नहीं, तुम साधु हो इसलिए ऐसा बोलते हो या फिर कायर हो? डर के मारे तो सब कुछ नहीं दे रहे?

**काठी :** किसका डर?

**जेसल :** मेरा। जेसल लुटेरे का।

**काठी :** तुम्हारे प्रति तो केवल अनुकंपा है जेसल।

**तोरल :** यह घोड़ी भी काठी की घोड़ी है। क्या करना और क्या नहीं, वह ठीक जानती है। आप आगे बढ़िए।

**जेसल :** मेरा सीना गर्व से फूला नहीं समाता। भाभी की मँगवाई हुईं तीनों चीज़ों को लेकर मैं कच्छ लौट रहा हूँ। वाह, रायघण के पोते! शाबाश!

**तोरल :** आप बड़े बहादुर हैं, क्यों?

**जेसल :** तुम तो देख ही रही हो। अभी तक मेरी एक दहाड़ कच्छ में खलबली मचा देती थी, अब सागर पार करके सोरठ को भी हिला दिया! हा...हा...हा...*(गर्व से हँसता है)*

*[पानी में नाव चलने की आवाज़। अचानक ज़ोर से हवा चलती है, समुद्र में तूफ़ान उठता है।]*

**जेसल :** अरे, यह बेमौसम का तूफ़ान कैसे चल रहा है?

*[घोड़ी हिनहिनाती है।]*

**जेसल :** कितनी ज़ोर से हवा चल रही है? अरे...अरे...अरे...*(जेसल नाव में गिरता है)* यह क्या हो गया? तुम चुपचाप बैठी हो! तुम्हें डर नहीं लगता?

**तोरल :** नहीं तो! किस बात का डर?

**जेसल :** *(आवाज़ में कम्पन)* इस तूफ़ान में नाव उलट गई तो मौत होगी। हमारी लाश भी किसी के हाथ नहीं आएगी।

**तोरल :** *(शान्ति से)* तो क्या हुआ?

**जेसल :** *(डरता हुआ)* नहीं, नहीं, मुझे मरना नहीं है! मैं जीना चाहता हूँ! जीना चाहता हूँ!

**तोरल :** जब दूसरों का सिर अपनी तीखी तलवार से उड़ा देते हो तो तब यह नहीं सोचते कि वह भी जीना चाहता होगा? जब बारातें लूटते हो, नई नवेली दुल्हनों को विधवा बना देते हो, तब तुम्हारे दिल में ज़रा-सा

खटका भी होता है ? तुम्हें तो अपनी बहादुरी का बड़ा गर्व है, क्यों ?

**जेसल :** तोरल, तुम देवी हो। तुम्हारे चेहरे पर इस भयानक तूफ़ान के बीच में कितनी शान्ति, कितनी ममता है! मुझे बचा लो देवी, मुझे बचा लो!

**तोरल :** दूसरों को मारनेवाला अपनी मौत से इतना डरता है ? कायर कहीं का! बुज़दिल कहीं का!

**जेसल :** *(रुआँसी आवाज़)* मुझे माफ़ कर दो तोरल।

**तोरल :** माफ़ी माँगो उस ईश्वर से जिनकी सन्तानों को तुमने ज़िन्दगी भर सताया है। माफ़ी माँगो उन कमनसीब लोगों से जिनके साथ तुम्हारा वास्ता पड़ा है।

**जेसल :** मैं किस-किससे माफ़ी माँगूँ ? इस सिर पर जितने बाल हैं, उससे भी ज़्यादा मेरे पाप हैं। मैं पापी हूँ। बहुत बड़ा पापी हूँ। मैं शैतान हूँ। इन्सान नहीं, शैतान हूँ।

**तोरल :** अपने पापों का एकरार करो जेसल! पछतावे के आँसू बहने दो। उन्हीं आँसुओं से तुम्हारे पाप धुलेंगे।

*[जेसल-तोरल के पैरों पर गिरता है।]*

**तोरल :** अरे, अरे! मेरे पैरों पर क्यों गिरते हो ?

**जेसल :** मुझे माफ़ कर दो तोरल *(बिलखकर रोते हुए)* मुझे मा... फ़...कर दो! मुझे बचा लो! बचा लो तोरल! इस नाव को डूबने मत दो!

**तोरल :** नहीं जेसल, मैं नाव को डूबने नहीं दूँगी। अपना एक-एक पाप याद करो और उसकी माफ़ी माँगो।

**जेसल :** कितने याद करूँ ? मेरे ही रौंगटे खड़े हो जाते हैं। मैंने लोगों के मुँह से पानी तक छीन लिया है। घोड़ी पर सवार दूल्हों को तलवार के एक झटके से मार डाला है। इन पापों से मुझे कभी छुटकारा नहीं मिलेगा। छीः-छीः-छीः! मुझे अपने-आपसे घिन आ रही है।

**तोरल :** शाबाश जेसल! तुम्हारे भीतर का छुपा हुआ शैतान अब बाहर निकल गया है। तुमसे अलग हो गया है। अब यह नाव नहीं डूबेगी।

*[तूफ़ान थम जाता है। नाव धीरे-धीरे चलती है। पानी की आवाज़]*

**जेसल :** तोरल, आज मैंने मौत की भयानकता देखी। तभी तो जीवन की मधुरता को जान पाया हूँ। तुम न होतीं तो यह शैतान जेसल आज नर्क में पहुँच गया होता। तुमने मुझे इन्सान बनाया है तोरल, तुम धन्य हो!

**तोरल :** काठी ने मुझे तुम्हारे साथ क्यों भेजा था, यह बात समझ में आ गई?

**जेसल :** हाँ, मैं समझ गया हूँ। और भाभी ने भी क्यों सांसतिया काठी के घर भेजा, यह बात भी समझ में आ गई।

**तोरल :** सुबह का भूला शाम को घर लौटे तो भूला नहीं कहलाता।

**जेसल :** हाँ, तोरल। चलते समय सांसतिया काठी ने कहा था कि भजन गाने का मन करे तो चले आना। तोरल, सोरठ के कोने-कोने में तुम्हारे भजन गूँज रहे हैं। अब कच्छ को भी सोरठ में पलट डालो। हम दोनों मिलकर भजन गाएँगे।

**तोरल :** कच्छ के धरती-आकाश भी गा उठेंगे।

*[जेसल-तोरल एक साथ भजन शुरू करते हैं।]*